직원들이
회사를
샀다

직원들이 회사를 샀다

김영수·한대웅 지음

**매각의 위기에서 830명의 임직원이 함께 만든 놀라운 기적
한국 상장사 최초 종업원지주제 기업 「한국종합기술」 이야기**

마이라이프

추천사

새로운 세상을 향한 이정표

여기 경이로운 책이 있다. 현실에서 불가능한 일을 실제로 만들어 낸 과정에 대한 이야기, 그래서 동화와도 같은 이야기. 그러나 그 동화 같은 일이 엄연히 현실로 일어났으니, 생각하면 기적이라고 밖에 말할 수 없는 역사를 기록한 것이 바로 이 책이다.

한국종합기술이란 회사는 1963년 제1차 경제개발 5개년 계획의 일환으로 탄생한 건설엔지니어링기업이다. 창립 후 경부고속도로 설계, 포항종합제철 부지 및 항만 설계 등을 맡았다. 처음엔 공기업이었으나, 1994년 민영화되어 한진중공업의 계열사가 되었다. 그 후에도 한국종합기술은 천명 이상의 임직원이 근무하는 견실한 중견기업이었으나 모회사인 한진중공업의 경영악화로 말미암아 매각 대상이 되었다. 우량기업을 매각하여 주력 사업을 살리려는 의도였을 것이다.

그렇게 해서 회사가 매물로 나온 것이 2017년 초였다. 보통의 경우라면, 새로운 자본이 기업을 인수했을 것이다. 운이 좋은 경우라면 기업은 더 좋은 주인을 만나 발전하고 고용도 승계될 수 있겠지만, 운이 나쁜 경우라면, 기업은 기업대로 몰락하고 노동자는 정리해고로 일터에서 추방될 수밖에 없는 상황에 처했을 것이다.

그런들 어찌하겠는가? 기업이 흥하기도 하고 망하기도 하는 시장 경제 체제에서 이런 일은 드물지 않게 일어나지만, 대개 노동자들이 할 수 있는 일은 아무것도 없다. 아니, 아무것도 없다고 사람들은 생각한다. 왜냐하면 노동자는 처음부터 회사에 아무런 실체적 권리도 가지고 있지 않으니까.

이 책은 그런 통념을 반박하는 보고서이다. 김영수 저자는 회사가 매각 대상이 되었을 때, 노조위원장이었다. 그는 자신의 회사가 누가 주인이 될지 알 수 없는 일종의 예외 상태에서 종업원 전체가 회사의 주인이 되는 경우를 과감하게 상상했다. 그리고 상상 속에서 가능한 일을 현실로 만들어내었다. 임직원이 한 사람당 5천만 원씩 출자하여 인수자금을 조성하고 모자라는 금액은 은행의 주식담보대출을 통해 마련했다.

그리고 회사를 인수한 뒤에는 종업원지주제에 입각하여 종업원들 자신이 스스로 주인이 되어 경영하는 회사로 만들었다. 그러나 종업원들의 자치 경영이라 해서 기업의 경영을 무정부주의에 내맡긴 것은 당연히 아니다.

한국종합기술의 최대 주주는 한국종합기술(KECC)홀딩스이고, 한국종합기술(KECC)홀딩스의 최대 주주는 KECC엔지니어 협동조합이다. KECC엔지니어 협동조합은 한국종합기술이 일종의 종업원 자치공동체로 유지될 수 있도록 작동하고 있다.

그 토대 위에서 한국종합기술은 안팎의 공모 절차를 거쳐 이사진과 대표이사를 최종적으로 종업원들이 선출한다. 처음엔 외부에서 대표이사를 선임하였으나, 지금은 내부 임직원 가운데 대표이사를 선임하는 것이 관행이 되었다. 그렇게 내부에서 선출된 대표이사 사장은 임기가 다하면, 마치 성실한 노조위원장이 임기가 끝나면 현업에 복귀하듯이, 다시 원래의 자기 직무로 돌아오기도 한다.

동화 아닌가! 기업을 하나의 민주공화국과도 같은 자치공동체로 만들려는 이런 시도는 잠깐의 어려움에도 불구하고 눈부신 성공을 이루어, 2017년 1,100여 명의 종업원이었던 한국종합기술은 이제 1,900여 명의 임직원이 함께 일하는 건실한 중견기업으로 성장했다.

이 놀라운 이야기가 객관적으로 얼마나 많은 창조의 가능성을 내포하고 있으며, 주관적으로도 우리에게 얼마나 커다란 영감을 불러일으키는지를 여기서 구구하게 말할 수는 없다. 누군가는 자유로운 생산자 연합이라는 마르크스의 말을 떠올릴 수도 있을 것이고, 누군가는 독일의 노사공동결정제도와 비교해서 도리어 더 낫다는 생각도 해 볼 수 있을 것이다. 또 누군가는 협동조합과 주식회사의 상생 가능성을 볼 수도 있을 것이다.

하지만 이런 이야기를 시작하면 우리는 그 이야기를 여기서 끝내지 못할 것이다. 왜냐하면 그것은 새로운 이야기로 끝없이 이어질 것이기 때문이다. 바로 그렇게 끝없이 새로운 이야기를 촉발한다는 것이야말로 이 책이 지닌 놀라운 힘이다. 한국종합기술의 성공적인 첫걸음은 이 땅의 독재 기업에서 일하는 수많은 임금 노예들에게 기업의 노예가 아니라 시민으로서 노동하고 기업의 경영활동에 참여할 수 있는 새로운 가능성을 꿈꿀 수 있도록 해준다. 그들이 성공했다면, 우리도 그럴 수 있지 않겠는가? 그런 꿈을 선사한다는 의미에서 이 책은 오늘날 한국 사회에 주는, 값을 따지기 어려운 선물이다.

그 힘든 첫걸음을 내디딘 이 책의 저자와 한국종합기술의 모든 임직원들에게 진심어린 존경과 감사의 인사를 전하며, 부디 많은 한국인이 새로운 시대의 문턱에서 이 책을 읽고 우리 사회의 전근대적인 기업문화를 민주적으로 바꾸어 나가는 길을 열어나가게 되기를 간절히 소망한다.

2025년 7월
철학자, 전남대 명예교수, 『기업은 누구의 것인가』의 저자
김상봉

추천사

"국내 상장사 최초이자 유일의 종업원지주회사"

한국종합기술을 꾸미는 이 말은 그야말로 독보적입니다. 한국종합기술은 "최초이자 유일"이라는 수식어에 안주하지도 않습니다. 인수 과정에서 적극적인 소통으로 사내 갈등을 원만하게 해소했고, 형식과 실질 모두에서 민주주의를 관철시켰으며, 그러한 기반 위에서 매출액 2배 상승과 일자리 창출이라는 놀라운 성과를 이뤄냈습니다.

"민주주의가 밥 먹여주냐?"

이 곤란한 질문에 대해 한국종합기술의 종업원지주제를 향한 장엄한 여정이 담긴 이 책은 명쾌한 답변을 제공합니다. 이 책을 통해 민주주의는 아름답고 효과적이며 지속가능하다는 간명한 진실을 확인하시기 바랍니다.

2025년 7월

정의당 대표 권영국

추천사

    이 책은 자회사 퇴출로 인해 자산 매각과 대량 해고 위기에 직면한 상황에서, 직원들이 회사를 인수하게 된 과정을 인수 주도자의 입을 통해 생생하게 담아내고 있다.

    베이비붐 세대 창립자들의 은퇴가 본격화되면서 직원 인수가 새로운 대안으로 주목받고 있는 지금, 이 책은 국가 정책 입안자와 학계뿐만 아니라 일반 직장인들에게도 많은 시사점을 제공한다.

2025년 8월
한국외국어대학교 경영학부 교수
박노근

추천사

KECC홀딩스 김영수 대표가 종업원지주회사 출범 과정을 기록한 책을 출간한다는 소식을 듣고, 2017년 11월 말 우리 회사가 겪었던 중대한 전환점이 떠올랐습니다.

당시 우리는 외부의 위협 속에서 '종업원지주제'라는 대담한 결단을 내렸고, 이는 단순한 재무 전략이 아니라 우리 스스로 미래를 책임지겠다는 약속이었습니다.

김영수 대표는 이 시기를 '기업사냥꾼의 먹이가 될 위기에서 스스로 주인이 되는 기회'로 규정하고, 전 직원과 함께한 추진 과정을 세심하게 기록했습니다

구성원 대부분이 공대 출신인 우리 조직에서 종업원지주회사라는 새로운 체계를 도입하는 과정은 말 그대로 살아 있는 실험이었습니다. 초기 설립안을 끊임없이 수정하고, SPC (특수목적법인) 설립과정에서 발생한 돌발 변수들을 해결하는 한편, 각 계층의 직원들에게 맞춤형 언어로 설명하며 서로 다른 우려를 하나씩 해소해 나간 과정이 생생하게 기록되

어 있습니다.

이 과정에서 조직 문화의 전환이 어떻게 자발적 주인의식을 일깨우는지, 그리고 그 결과로 업무 몰입과 회사 성과가 어떻게 달라졌는지를 보여주는 사례 분석도 담겨 있습니다. 직원들이 주인의 시각으로 전략을 이해하고 리스크를 공유하는 과정에서 나타난 긍정적 파급 효과는 조직 혁신의 새로운 기준을 제시합니다.

공학도들이 만들어낸 좌충우돌의 기록이자 고민의 흔적이 살아 숨 쉬는 이 책을 통해, 독자 여러분께서는 조직 전환 과정을 설계하고 실행하는 진짜 의미를 깊이 느끼실 수 있을 것입니다.

김영수 대표의 섬세한 현장 경험과 전략적 통찰이 결합된 이 귀중한 기록을 자신 있게 추천드립니다. 꼭 일독하시어 새로운 비전과 실천의 계기를 얻으시길 바랍니다.

2025년 8월
한국종합기술KECC 대표이사
김한영

˚들어가며

　내가 일하는 곳은 한국종합기술이다. 한국종합기술은 코스피 상장기업으로 1963년 공기업으로 설립되어, 경부고속도로, 지하철 1호선, 한강종합개발, 청계천 복원, 인천국제공항 등의 건설은 물론 수많은 상하수도, 철도, 신재생 에너지 등의 건설사업에 토목 엔지니어링업체로 참여했다.
　한국종합기술의 역사는 국토개발의 역사와 궤를 같이한다. 62년의 역사에서 회사는 굴곡도 있었지만, 항상 건설엔지니어링 업계의 리더로서, 엔지니어 사관학교라는 별칭으로 불리며 국토개발의 주도자라는 자부심과 함께 성장했다.
　그런데 2017년 3월 우리 회사는 기업 매각시장에 나왔다. 이 일은 우리의 잘못이 아니었다. 그룹 주력사인 한진중공업 때문에 발생했다. 이에 임직원 중 830여 명이 한국종합기술홀딩스 법인을 설립하고 1인당 5,000만 원을 출자해 385억을 모으고, 추가로 145억을 대출해 한국종합

기술 경영권을 포함하는 주식 52%를 사들였다. 이것을 한마디로 표현하면,

"노동자(직원)가 상장기업 경영권을 통째로 인수한 것이다."

수동적이거나 대주주에 맞서 투쟁만 하는 존재로 인식되던 노동자가 회사를 사다니, 그것도 상장기업을 사다니, 지금 돌아보면 신기할 따름이다. 또 이때까지의 상황은 한국 기업의 역사에 없었던 새로운 사건이라 말하고 싶다. 그러나 새로운 상황은 여기에 그치지 않았다. 그것은 그 이후에도 계속되었다. 조금 과하게 들릴지 모르겠지만 나는 그 상황을 "혁명 같은"이라 부르고 싶다. 또 어떤 사람들은 "경영의 경자도 모르던 엔지니어가 정말 짧은 기간에 경영자가 되는 과정"이었다고 말한다.

2017년 3월 우리 회사가 매각 대상으로 나왔을 때, 나는 노조 위원장이었다. 우리가 선택할 수 있는 길은 두 가지였다. 첫째는 "그룹 본사의 잘못을 지적하며 매각을 반대"하거나 둘째는 "어떻게든 대안을 제시하여 회사와 협의하여 위기를 마무리 짓는 것"이었다. 두 가지 모두 어쩌면 불가능한 일이었는지 모르겠다.

우리는 망설임 없이 두 번째 길인 "대안을 제시하고 위기를 극복하는 것"을 선택했다. 아니 이것은 우리가 선택할 수 있는 최선의 길이었고, 임직원 모두에게도 가장 합리적인 길이라 생각했다.

어떤 대안을 제시할까? 나는 노조위원장으로서 오래전부터 고민했

던 종업원의 직접 인수를 제시했고, 최초로 노동조합 집행부 회의를 통해 공유했다. 이후 나는 빠르게 움직였다. 경영지원본부장의 동의를 받아내고, 대표이사와 면담하는 등 회사 내부 분위기를 만들었다. 연이어서 자금조달 방법을 찾고, 바른매각 촉구대회 등 집회와 기자회견으로 여론을 조성했다.

마침내 8월 16일 우리는 매각 주관사로부터 우선협상권을 받았고, 12월 15일 최종 인수계약을 체결했다. 이후 몇 년 동안 우리는 새로운 경영방식과 기업 문화 건설에 힘을 집중했다.

일반 직원들이 조금씩 자금을 모아, 회사를 인수하는 일, '누구는 그게 가능해?'라며 물음표와 놀라움을 표현했다. 그러나 그 일은 가능했다. 게다가 시간이 흐르면서 우리 회사는 우리만의 특징, 우리만의 경영 문화를 만들었는데, 먼저 그것을 적어본다.

한국종합기술은 우리나라 상장사 최초의 종업원 지주제 기업이다. 종업원 지주제를 표방하는 몇몇 기업이 있다. 그런데 왜 우리는 "최초"라는 말을 자신 있게 사용할까? 우리의 종업원 지주제는 차원이 다르다.

첫째, 우리는 소유와 경영을 분리했다.
일반적인 기업은 물론 종업원 지주제를 표방하는 기업도 사장은 최대주주가 임명하거나 본인(최대 주주)이 직접 한다. 결국 소유와 경영을 분리할 수 없다.

그러나 우리는 출자임직원[1]의 직접 투표로 사장을 선출한다. 우리는 이렇게 선출한 사장을 주주총회에서 대표이사 사장으로 임명한다. 사장은 직원의 목소리에 귀를 기울일 수밖에 없고, 자연스럽게 소유와 경영은 분리될 수밖에 없다.

둘째, 기업의 최대 주주는 개인이지만, 우리(한국종합기술) 회사의 최대 주주는 현재 1,035명이 출자한 KECC엔지니어협동조합이다.

셋째, 대표이사 사장은 물론 KECC홀딩스 대표(주주 대표)도 출자임직원의 직접 투표로 선출한다.

넷째, 대표이사 사장과 KECC홀딩스 대표(주주 대표)의 임기는 3년이다.

다섯째, 누구나 1/n의 권리를 갖는다.
국민이라면 누구나 태어남과 동시에 동등한 권리와 의무를 갖는다. 마찬가지로 우리는 1인당 5,000만 원을 출자하고 주주가 되면, 누구나 동등한 권리와 의무를 갖는다.

현행 법규에 따르면, 한 주라도 주식을 더 가진 주주가 더 많은 권리를

---

1. 한국종합기술(KECC)홀딩스에 출자한 임직원. 5,000만 원을 출자한 정규출자자와 5,000만 원 미만을 출자한 부분출자자로 구성되어 있다. 정규출자자는 KECC엔지니어 협동조합의 구성원이다. 전체 임직원 1,900여 명 중 정규출자자는 1,035명이다. 사장 선출 투표권은 정규출자자에게만 있다. 한국종합기술(KECC)홀딩스는 정규출자자의 확대를 위해 다양한 지원책을 모색하고 있다.

행사할 수 있는데, 한국종합기술은 지배구조(거버넌스)를 구축하면서 그것을 사전에 방지했다. 예를 들면 한국종합기술의 대표를 선출할 때, 5,000만 원을 출자한 임직원이라면 그가 신입사원이건, 사장이건 누구라도 1표만 행사한다. 그 이상의 투표권을 행사할 수 있는 사람은 아무도 없다.

여섯째, 기업의 당기순이익이 마이너스가 되었을 때, 임직원들은 어떻게 할까? 그들은 경영진부터 임금을 삭감하라고 요구한다. 그러나 우리는 우리가 주인이므로 자발적으로 임금 삭감, 유보를 결의할 수 있으며, 2019년 하반기에 그렇게 했다. 당시 우리는 임직원 모두가 참여하는 찬반 투표로 이 사안을 결정했다.

그러나 이 과정까지 오는데 쉽지 않았다. 인수자금을 마련하기 위해 금융기관을 찾아가면, 인수의 중심 주체가 "종업원(노동자)"이라는 이유로 거부당하기 일쑤였다. 그들은 모두 "종업원(노동자)"이 회사를 인수하면 파업 등이 일어나고, 투자금조차 회수할 수 없다고 판단했다.

돌아보면 자금조달을 위한 우리의 노력은 "안 되면 되게 하라"였던 것 같다. 한번 안 되면 두 번 두드리고, 두 번 안 되면 세 번, 또 안 되면 네 번 이상 두드리는 식이있다. 최종 인수계약을 체결할 때까지 자금조달은 항상 불안감의 연속이었고, 때론 막막함으로 다가왔다. 또 회사 내부 경영진과의 심각한 의견 차이로 최종 인수계약 체결이 불발될 뻔도 했다.

게다가 악소문도 돌았다. 인수 후 한 때 우리 회사는 "노동조합이 먹은 회사", "주인(대주주)이 없는 회사로 곧 망할 것"이라는 소문이었다. 실제로 수주실적과 영업이익이 감소해 큰 위기가 왔었다. 그러나 우리는 위기를 극복했고, 2025년 현재 한국종합기술은 괄목할 만한 성장을 이루었다.

2017년과 현재를 비교하면 임직원은 1,200여 명에서 1,900여 명으로, 매출액은 1,996억에서 3,769억(2023년), 수주액은 2,375억에서 5,563억(2023년)으로 크게 성장했다. 특히 2017년 -72억 5천만 원, 2018년 -62억 4천만 원을 기록했던 영업이익은 2020년 45억 9천만 원 흑자로 전환했고, 이후 이 추세를 유지하고 있다.

이 책은 상장사 최초로 종업원지주제 회사를 만들어 낸 임직원 1,100명의 경험담이자 우리 회사가 성장해온 이야기다. 매각 논의가 공식화된 2017년 3월부터 우리는 뒤도 돌아보지 않고, 앞으로 달렸다. 이미 종업원의 직접 인수'라는 마음의 준비가 있었지만, 무엇보다 뒤를 돌아보거나 순간순간 멈칫거릴 여유가 없었다. 우리의 작은 판단 하나에 따라 또 나의 어떤 행동과 말에 따라 "종업원이 회사를 인수"하고, "종업원 지주제를 실현한다"라는 목표가 실현될 수도 있었고, 반대로 실패한다면 당시 직원 1,100여 명 중 다수가 해고되거나 그들의 운명이 부정적인 방향으로 갈 수도 있었기 때문이다.

나는 이 일에 뛰어든 이상, 그리고 "종업원 인수"라는 대의와 정당함을 마음 깊이 받아들인 이상, 또 회사 내에서 최초로 종업원 인수'라는 장밋빛 희망을 말한 이상, 나는 이 일을 꼭 이루어내야겠다는 간절한 목표가 있었다.

돌아보면 눈물을 흘리기도 하고, 어떤 상황은 피하고 싶을 때도 있었다. 하지만 기쁨이 벅차오르거나 성취감을 느낄 때가 더 많았다. 삶에는 힘듦과 기쁨이 교차하고, 난관을 지나면 희망이 나타난다고 하는데, 지난 2017년부터 나의 삶도 그랬던 것 같다. 그러나 중요한 것은 나 스스로 열정을 발휘했고, 때맞춘 행운도 따라주었다. 특히 다수와 함께 한다는 것이 얼마나 큰 힘을 발휘할 수 있는지를 알게 된 시간이었다.

직원이 주인 되는 꿈을 꾸는 사람들을 위하여

1997년 IMF 외환위기 이후 기업의 인수, 합병은 흔하게 벌어지는 일이 되었다. 그 결과 구조조정이란 이름으로 벌어지는 직원해고, 임금체불 등도 일상적인 일처럼 느껴진다. 산업화 시대 재벌은 한국경제를 이끄는 동력이었지만 창업주가 죽고, 2세, 3세 경영이 시작되면서 오너리스크가 발생하고 있다. 보통 재벌 2세, 3세는 창업주만큼 혹독한 과정을 거쳐 검증된 사람이 아니다. 그러다 보니 이들이 일으키는 문제는 해당 기업의 범위를 넘어 사회적인 문제가 되기도 한다.

이런 점에서 우리 회사는 미래의 대안 중에 하나라고 말하고 싶다. 우리 회사는 직원의 직접 투표로 열정, 품성, 능력이 검증된 사람을 대표이사로 선출한다. 또 기업이 매각에 나왔을 때도 우리와 같은 종업원지주제는 새로운 대안이 될 수 있다. 특히 연기금 등 공적자금의 도움을 받는다면 그 과정은 더 쉽게 될 수 있다. 결국 우리와 같은 종업원 지주제는 오너리스크를 막고 기업을 새로운 단계로 발전시킬 수 있는 좋은 방법 중 한 가지라고 생각한다.

나는 한국종합기술의 종업원 지주제가 계속 발전하기를 원한다. 해마다 다수의 신입사원이 입사한다. 나는 그들이 종업원 지주제가 어떻게 만들어졌는지, 어떤 장점이 있는지 등을 가슴에 새겼으면 좋겠다. 그래서 그들이 회사를 발전시키고, 이 제도의 장점을 발전시켜 나가기를 원한다. 또 지금에 머무르지 않고 새로운 기업 문화와 경영방식을 준비하는 사람이 있다면, 우리의 이야기를 들려주고 싶다.

2025년 6월
상일동 사옥에서
김영수

°**목차**

추천사 * 4

들어가며 * 12

1장_가보지 않은 길 * 23

새로운 사장님 * 25

자율 협약 * 31

종업원 인수가 답이다 * 44

마음의 준비가 있었다 * 55

2장_ 눈앞에 나타난 이상과 현실 * 65

첫 단추_우리사주 조합장이 되다 * 67

차입형 ESOP를 제안하다 * 86

「인수 참여 의향서」 취합, 외부와 연대하기 * 93

자금조달 * 103

연대가 만드는 힘 * 124

3장_ 노동자가 회사를 샀다 * 135

우선협상권 * 137

흔들리는 마음 * 154

인수 TF * 166

운명의 1주일 * 187

마침내 최종 계약 * 208

4장_ 종업원지주제, 누구나 1/n의 권리 갖기 * 223

상장사 최초, 소유와 경영의 분리 * 225

투표로 사장 선출, 자발적 임금 반납 * 241

맺으며 * 277

감사의 글 * 286

한국종합기술 인수 일정 * 288

1

가보지 않은 길

새로운 사장님

2017년 2월 초, 11년 동안 회사 발전에 공헌했던 이강록 사장이 물러났다.

그리고, 이인제 수자원본부 본부장이 신임 사장으로 선임되고, 차기 대표이사 후보로 확정되었다.

어떤 일이든 결과에는 의미가 따른다. 이인제 본부장의 대표이사 선임은 어떤 의미를 담고 있을까? 가장 기본적인 것은 대표가 바뀌었다는 것, 그런데 그것 외에 또 어떤 의미가 있을까?

사내에서는 한 가지 이야기가 돌았다. 그것은 정확히 확인된 이야기는 아니었다. 그러나 정황상, 그럴 수 있다는 개연성이 매우 높았고, 사실에 가까운 이야기였다.

그것은 감정적으로 불안감을 조성했다. 그것은 평야 지대 한가운데 높이 솟은 산처럼 확연히 드러나는 것은 아니었다. 그러나 그것은 땅속 그리 깊지 않은 곳에서 머지않아 솟아 나올 것 같은 그런 것이었다.

당시 한국종합기술은 지금은 해체된 한진중공업그룹의 계열사였다. 한진중공업그룹의 법적인 대표가 있었지만 누가 보아도 실제 대표는 조남호 회장이었다. 소문과 회사 선배들의 의견을 종합하면, 조남호 회장은 항상 자기 사람, 자신이 잘 아는 사람을 대표로 앉혀 한국종합기술을 경영하는 사람이라는 생각이 들었다. 그러다 보니 한진중공업그룹이 우리 회사(한국종합기술)를 인수한 후, 역대 대표는 모두 한진중공업 출신이었다. 그런데 2017년 2월 초 예외가 발생한 것이다.

이인제 사장은 출신이 달랐다. 그는 그룹 본사가 아니라 한국종합기술에 사원으로 입사해 수자원본부의 부서장과 본부장을 거쳐 사장이 되었다.

"열심히 일하면 사장이 될 수 있구나."

이런 점에서 이인제 본부장의 대표 취임은 기쁨과 희망이었다. 그러나 그 기쁨과 희망 뒤에는 뭔가가 있었다. 그것은 불안감이었다. 게다가 그 불안감의 크기는 기쁨과 희망에 비해 몇 배 이상이었다.

이인제 본부장의 대표 임명은 다분히 전략적이라고 생각했다. 이런 추측은 나만이 아니라 회사의 임직원이라면 어렵지 않게 유추할 수 있었다. 특히 경력이 오래된 임직원, 임원급에게는 확신에 가까운 추측이었을 것이다.

"조남호 회장이 한국종합기술에서 손을 떼려고 하는구나! 결국 한국종합기술을 매각하기 위해 내부 인사를 대표로 선임했구나!"

조남호 회장과 그룹 본사는 한국종합기술의 매각을 위해 정치를 시작한 것이다. 오랫동안 한진중공업그룹이란 큰 조직을 운영해 온 조남호 회장과 측근 임원들의 입장에서 이것은 충분히 가능한 이야기, 아니 당연한 이야기였다. 이인제 본부장처럼 우리 회사 내부를 잘 아는 사람이 대표가 되면, 기업의 매각과정이 원활할 것이라 생각했을 것이다. 특히 한국종합기술은 선후배 문화와 도제식 문화가 강했다. 이 경우라면 "한국종합기술 출신 사장의 조직 장악력이 힘을 발휘할 것"이고, 매각은 어렵지 않게 이루어질 것이라 생각했을 것이다.

풍문 조회

나는 2013년 한국종합기술 노조 위원장이 되었고, 2017년에는 임기 5년 차를 맞이했다. 2017년 2월 말, 우리 회사를 매각하겠다는 그룹 본사의 생각이 확고해진 이상 나는 더 이상 바라만 볼 수 없었다. 바로 행동에 나섰다. 이 사실을 노동조합 집행부와 공유하고, 한진중공업의 노동조합을 비롯해 몇몇 지인에게 그룹 본사가 정말로 한국종합기술을 매각하려는지 사실관계 확인을 요청했다. 그러나 정확한 사실관계를 확인할 수 없었다. 사실 매각방침은 소수 몇 명만이 아는 것인데, 그런 정보가 노동조합까지 내려온다는 것은 쉽지 않은 일이었다.

그러나 매각방침이 결정된 이상, 그 정보가 소수에게만 머물러 있을 수는 없었다. 한진중공업홀딩스의 고위층 입장에서도 일을 추진하려면 더 많은 사람과 공유해야 했다. 얼마 후부터 매각 이야기가 흘러나오기 시작했다.

첫 정보가 흘러나온 곳은 경영지원본부로 짐작된다. 매각 주관사는 NH투자증권이었다. NH투자증권은 인수 가능한 기업을 대상으로 매각 소식을 알려야 했다. NH투자증권은 우리 회사로 관련 자료를 요청했다. 자료는 경영지원본부가 중심이 되어 각부서 별로 취합, 정리했는데, 이 과정에서 매각 이야기가 자연스럽게 사내에 돌기 시작했다.

이상인 경영지원본부장을 찾아갔다. 아마 그는 이미 알고 있었을 것이다. 그는 한 달에 한 번 그룹 전체 회의에 참여했다. 또 매각하려면 자료를 준비해야 하는데, 그것의 중심은 경영지원본부장이 될 수밖에 없었다. 그러나 내가 물었을 때, 이상인 본부장은 "잘 모르겠다"라고 말할 뿐, 정확한 답을 주지 않았다. 경영지원본부장으로서 그만의 고민이 있었을 테고, 그러다 보니 정확한 답을 해줄 수 없는 어떤 상황이 있었을 것이다.

그러나 나는 포기할 수 없었다. 매각 여부에 따라 회사와 임직원들의 운명이 어떻게 될지 몰랐다. 전화를 계속 돌리고, 주변에 수소문했다. 결국 3월 27일, 이상인 본부장에게서 처음으로 "매각방침 결정과 매각 주관사가 선정되었다"라는 사실을 확인했다.

"드디어…, 올 것이 왔구나."

이상인 본부장의 말을 듣는 순간, 이 생각이 머릿속에 꽉 차올랐다.

곧바로 최용준 노조 사무국장에게 전화를 걸었다. 그는 인천공항 라운지에서 싱가포르행 비행기를 기다리고 있었다. 그는 가족과 함께 여행을 떠나기 바로 직전이었다. 나는 그에게 "회사를 매각하기로 결정했대…"라며 사실을 알려주었고, 다음과 같은 말도 덧붙였다.

"노동조합이 지금까지 평탄하게 왔는데, 올해 1년은 빡세게 보내야 할 것 같아."

이상인 본부장의 말이 사실상 틀림없다고 볼 수 있었다. 그러나 공식적인 확인이 필요했다. 3월 28~29일 양일간 풍문 조회를 신청했다. 우리나라는 풍문 및 보도의 사실 여부를 확인하기 위해 조회공시를 요구하는 제도가 있다. 상장법인은 요청이 있을 경우, 1일 이내에 답변을 해야 한다. 우리는 이것을 활용했다.

우리의 요청에 대해 한진중공업홀딩스의 담당자는 "매각방침이 정해졌고, 매각 주관사가 선정되었다"는 사실을 확인해 주었다. 답변은 한국거래소(KRX)의 민원/상담 조회 코너를 통해 확인했다.

'확실히 맞았구나.'

예상했던 것이지만, 답변을 본 순간, 머릿속 한가득 '올해는 빡세겠네'라는 생각이 다시 떠올랐다. 나는 ㈜ESOP 컨설팅의 송호연 이사와 상황을 공유했다. 송호연 이사는 ESOP(employe stock ownership plan의 약자. 노동자들이 자기가 일하는 기업의 주식을 일부 보유하여 경영에 참여하거나 기업 경영권 전체를 인수하는 것. 19세기 말에 등장했다. 경제 위기를 맞아 확산되었다. 기업이 망하면 소유주는 기업을 포기하면 그만이지만 노동자는 기본적인 생계를 위해 그렇게 할 수 없다. 노동자들의 기업을 지키고, 스스로 고용의 안정을 지켜내는 방법이기도 하다. 이런 측면에서 ESOP가 확산되었다.) 컨설팅 전문가로 다수 노동조합과 친했으며, 기업의 매각, 인수, 합병 등에 밝았다.

'반드시 매각하겠구나'라는 확신이 들었지만, 송호연 이사에게 "매각의 시작이 맞는 걸까요?"라는 것을 재차 확인했다. 송호연 이사는 망설임 없이 답변했다.

"매각 주관사가 선정되면 매각은 할 수밖에 없어요. 일단 비용이 들어가기 때문에 특별한 경우가 아니라면 매각을 멈추는 경우는 없는 거예요."

사내에 매각 소식이 알려졌지만 겉으로 드러나는 특별한 동요는 없었다. 이미 어느 정도 예상했던 결과였기에 그럴 수도 있었다. 그러나 후에 들어보면 임직원들의 마음속에는 긴장감이 있었던 것 같다. 특히 상무, 전무 등 임원급 이상의 긴장감이 더 컸던 것 같다. 일반 임직원들은 노동조합의 보호를 받을 수 있었지만 임원급들은 그럴 수 없었다.

임원들은 흔한 말로 "잘리는 것 아니야", "우리가 잘리는 1순위야"라는 대화까지 나누었다고 한다. 2017년 기준으로 한국종합기술의 인직원 1,100여 명 가운데 임원급은 26%로 300여 명에 달했다. 매각이 되면 항상 벌어지는 일 중에 하나가 임원급 이상에게 퇴직을 요구하는 것이다. 말은 요구지만 사실 강제나 마찬가지다.

˚자율 협약

2016년 1월 7일. 말하자면 한국종합기술의 매각이 결정되기 1년여 전, 그룹 주력인 한진중공업은 자율 협약을 신청했고, 연이어 5월 11일에는 채권단과 자율 협약 양해각서를 체결했다.

이 소식은 매일경제, 한국경제 등 경제 신문은 물론 KBS, SBS, 연합뉴스 등 모든 방송에 보도되었다.

'올 것이 오는 건가? 명예퇴직, 인원 감축…. 사실상의 강제 퇴직까지?'

마음 한편에서 걱정이 생겨났다. 그러나 이 마음은 곧 바람처럼 스치고 지나갔다.

'설마!'

이것이 내 마음속 큰 흐름이었다.

당시 한국종합기술의 1,100여 직원 가운데 나만 그런 것이 아니었다. 거의 모든 임직원의 감정이 설마와 걱정 사이에서 오가다 결국 설마로 정리되었다. 우리는 그때까지만 해도 이 사안이 얼마나 큰 일로 이어질지 제대로 인식하지 못했다. 한치 건너 두 치였다. 자율 협약에 들어간 것은 한진중공업이지, 우리는 아니었다. 우리는 한진중공업의 관계사라 우리와 동떨어진 일이고, 그러다 보니, 설마라는 인식이 강했다.

그리고 누구인지 알 수 없지만 그룹 본사 관계자는 언론에 이렇게 말했다.

"경기 부진에 따른 일시적인 유동성 부족에 기인한 것"이며, "그동안 비핵심 자산 매각, 조직 슬림화 등 선제적인 자구책을 마련하고 대응한 것이 효과를 보고 있다"고 강조했다. 또 "자율 협약 기간도 비교적 짧고 자구 계획 이행에도 무리가 없으므로 경영정상화가 급물살을 탈 것"이라 말했다.

당시 언론 보도에 따르면 "노조도 성공적인 자율 협약 개시에 큰 역할을 했다. 인적 구조조정에 반발했던 한진중공업 노조는 회사 존속과 조합원들의 고용 안정을 위해 자율 협약 체결이 필요하다는 데 공감하고 대승적 차원에서 지난 10일 채권단에 동의서를 제출했다."(「한진중공업, 채권단과 자율협약 체결」, 매일경제. 2016년 5월 11일.)

사실 자율 협약에 관한 이야기는 2014년부터 있었다. 그해 말 그룹 차원의 집체 교육이 있었다. 장소는 강원도 원주 가나안농군학교였다. 현장 파견 직원을 제외하고, 단 한 명 열외 없이 모든 직원이 모였다. 직원들은 조를 짜서 2박 3일 동안 교육을 받아야 했다.

이때 특별한 사람의 강의도 있었다. 그는 한진중공업홀딩스 대표이사였다. 그는 나 같은 직원들이 1년에 한 번도 볼 수 없는 사람이었다. 그는 "한진중공업이 수빅조선소(한진중공업이 필리핀 수빅subic bay에 건설한 조선소.) 때문에 어려움이 있다"며, 그룹의 상황을 이야기했다. 또 "자율협약에 들어간다는 이야기가 있는데, 설혹 그렇게 되더라도 전혀 걱정할 것이 없다"며, "몇 년 안에 잘 해결될 수 있다"고 말했다. 그는 그 근거로 다음과 같은 말을 덧붙였다.

"한진중공업 소유의 부동산이 많이 있습니다. 정말로 어려우면 그것을 팔아서라도 해결할 수 있습니다"라고 말했다. 실제로 한진중공업이 소유한 부동산은 어마어마라는 단어를 써도 될 만큼 많았다. 그룹도 이 점을 믿었던 것 같다. 인천 율도와 석남동의 대규모 토지와 건물, 강변 동서울터미널 등이 한진중공업 소유였다.

한진중공업그룹에서 한진중공업이 차지하는 비중이 절대적이다 보니 그룹 전체에 "위기가 올 수도 있겠구나!"라고 생각하는 분들이 있었는지 모르겠다. 그러나 이때까지도 전체적으로 극단적인 위기감은 없었다. 특히 내가 속한 한국종합기술은 그룹의 타사보다 위기감이 없었다. 우리 회사는 1997년 한진그룹의 계열사로 편입된 후 계속 성장 중이었고, 적자도 없었다. 한마디로 태평성대였다.

2016년 1월, 한국종합기술 노동조합 위원장으로 3년 임기를 마친 나는 재선에 나섰다. 이때 한진중공업이 자율 협약에 들어간 소식을 듣고, 이에 맞춰 다음과 같은 공약을 발표했다.

"자율 협약으로 조합원과 직원들이 피해를 보지 않도록 하겠습니다. 정리해고, 강제적인 명예퇴직 등이 발생할 수 있는데, 이런 일이 벌어지지 않도록 하겠습니다. 이를 위해 그룹 본사의 동향을 계속 모니터링하겠습니다."

나는 자율 협약에 대한 대응을 노조의 선거공약으로 걸었고, 이를 통해 노조가 기민하게 대응하고, 임직원들이 경각심을 갖도록 바랐다.

2016년 6월 28일 사내 2층 교육장에서 30여 명의 대의원이 참가한 가운데 '노동조합 2016년 3차 임시대의원대회'가 있었다. 이날 한진중공업의 자율 협약이 어떻게 진행되고 있는지에 대한 상황을 공유했다. 나는 이날 자료를 준비하며, 기존 자료들 외에 한진중공업 노동조합 관계자를 만나 별도의 정보를 보충했다.

이 과정에서 나는 한 가지 사실을 확인했다. 그것은 우리에게 긴장감과 약간의 걱정을 불러일으켰다. 그룹 본사는 자율 협약을 맺으면서 추가 자금조달 조건으로 우리 회사를 비롯한 한진중공업홀딩스 그룹 전체 자회사의 주식을 담보로 넘겼다는 것. 따라서 한진중공업이 자율 협약에서 벗어나지 못한다면, 한국종합기술의 운명도 어떻게 될지 놀랐다. 나는 이 점을 우려했고, '노조 대의원들과 상황을 공유해야겠다'고 마음먹었다.

나는 "선박 수주에 제약이 있을 수 있으며, 전체 상황은 긍정적이지 않다"고 발제하고, "경영진은 언제나처럼, 안 되면 땅만 팔아도 자율 협약에서 벗어날 수 있다"는 말을 반복한다고 말했다.

이날 제출된 자료에서 주목할 것은 세 가지였다.

첫째, 한진중공업홀딩스는 자회사인 한일레저와 HACOR INC를 포함해 한국종합기술의 주식을 대상으로 3,250억 원, 또 한국종합기술이 보유한 한진중공업의 주식에 1,361억 9,750만 135원의 담보를 설정했다.

둘째, 계열사 대륜E&S(별내에너지, 대륜발전)의 매각작업이 본격화되었고, 매각 주간사로 미래에셋대우가 선정되었다.

세 번째 소식은 더 암울한 것으로 만약 우리 회사가 매각에 들어간다면 발생할 수 있는 일이었다. 한진중공업은 자율 협약 체결 후, 희망퇴직 실시, "임금과 단체협상을 회사에 일괄 위임"하는 노동조합의 결정이 있었다. 또 사실상 인원 감축을 의미하는 인사발령, 장기근속자 포상 지급의 유보도 있었다. 그룹 본사는 장기근속자에게 금메달을 수여하고 해외여행 상품권을 지급했는데, 자율 협약의 여파로 이 제도가 사라진 것이다.

어떻게든 대응을 해야 했다. 그러나 이 상황을 막거나 개선할 수 있는 뾰족한 방법이 없었다. 할 수 있는 것은 상황을 정확히 파악하는 것뿐이었다.

2016년 3차 노동조합 임시대의원대회를 마친 다음 날인 6월 29일, 노동조합 명의로 산업은행장과 한진중공업 자율 협약 담당자 앞으로 한 통의 공문을 보냈다.

제목은 「한국종합기술 계약사 공사계약이해보증 연대보증 제공의 건」이었다. 내용은 "한진중공업홀딩스가 자회사인 한진중공업의 자금지원을 받기 위해 자신들이 보유하고 있는 한국종합기술의 주식을 산업은행에 담보로 제공했는지" 여부를 확인, 요청하는 것이었다. 관련 뉴스가 2월 3일 머니투데이 등에 실렸다.

공문에서 우리는 '사전 협의 없이 한국종합기술의 주식을 모기업의 대출을 위한 담보로 제공하는 대주주의 행위는 적절치 못하다'는 점을 지적하고, 실제 연대보증 행위가 이루어졌다면 산업은행이 경영진 및 대주주의 부당한 행위에 동의한 것이라고 지적했다. 또한 모회사가 자회사의 주식을 담보로 거액의 자금을 차입하고, 지급보증을 강요할 경우, 결국 모회사와 자회사 모두 동반 부실에 빠질 수 있음을 지적했다. 이처럼 상황에 대한 경계를 계속했다. 그러나 자율 협약과 회사의 매각은 이때까지도 당장 눈앞에 닥친 일은 아니었다.

당시 인베스트조선(「구조조정 잇따라 실패한 산은, 갈 길 먼 한진중공업 '경영정상화'」 2019년 2월 14일)에 따르면 한진중공업홀딩스는 2016년 2월에 긴급운영자금 1,300억, 또 같은 해 5월에 신규자금 1,200억을 받았다. 게다가 채권단 주은행인 산업은행은 시중은행의 반대까지 무릅쓰고 자금지원을 결정했다.

그룹 본사도 자구책으로 1조 5천억 규모의 인천 율도 부지 중에 일부를 쪼개서 약 3,000억에 매각했다.(「한진중공업, 율도 부지 3,000억 매각 성공. 전체는 1조 5,000억」. 이투데이. 2016년 4월 8일.)

그러나 경영실적은 개선되지 않았다. 투자가 부족한 것이 아니라 수빅조선소 자체가 수익을 낼 수 없는 구조였다. 한마디로 밑 빠진 독이었다. 그렇지만 2016년도는 평탄했다. 본사는 어려웠지만 한국종합기술은 실적이 나쁘지 않았다. 당시 대표는 이강록 사장이었다. 그의 재임 기간 회사는 꾸준히 성장했다. 그러나 2015년과 2016년에 회사에 미세한 변화가 생겨났다. 그러나 그 변화는 긍정적이기보다는 부정적이었다.

'긴축 경영, 부단한 쪼임' 같은 것이었다. 회사는 뭔가를 보여주려 했다. 그룹이 어려워진 상태라 이강록 사장과 경영진의 입장에서는 대외적으로 보여줄 어떤 행위가 필요했다.

"그룹에서 실적을 내는 회사는 우리밖에 없다."

이런 분위기가 만들어지고, 그에 맞춰 직원들에게 일정한 압박이 가해졌다. 임직원에게는 급여 인상률의 제약, 임원에게는 급여 반납의 조치가 취해졌다. 특히 실적이 저조한 부서의 임원들은 급여 중에 5~10%까지 반납했다. 조치는 직원보다 임원들 중심으로 이루어졌다. 그 기간이 6개월 동안 이어졌다. 노조 입장에서는 불편할 수밖에 없었다.

이렇게 시간이 지나면서 불길한 느낌이 엄습하기 시작했다. 2016년 하반기가 되었다. 그러자 불안감은 더 증폭되었다. 그룹 본사와 채권단 간의 협의 과정에 대한 소식이 계속 들려왔다. 그때마다 그룹 본사는 걱정하지 말라며, 희망적인 소식을 전했지만, 경영이 정상화되고 있다는 확실한 소식은 없었다.

자율 협약의 위험성을 알리다

노조위원장으로서 나는 최소한 상황 공유가 필요하다고 판단했다. 누구를 강사로 부를까? 고민의 순간 떠오른 사람은 송호연 이사였다. 내가 그를 알게 된 것은 2015년이었다. 이 무렵 다수 건설사가 M&A를 한두 번 겪는 등 업계 전체가 어려웠다. 그는 노조가 주최하는 다수 강연회에 참가해 업계 상황을 분석해주었다. 나는 건설기업노조가 주최하는 어떤 강연회에 참석했고, 그날 처음으로 그와 인사를 했다. 첫인상은 '박학다식하구나'였다.

"어떤 컨설팅을 하세요?"

나의 첫 인사말이었다. 노조에게도 회사 재무, 경영 상황에 대한 이해가 필요했다. 이것을 바탕으로 회사의 현재 분석, 미래 예측, 이에 맞춘 적절한 대응이 필요했다. 그러나 노동조합에는 이런 것을 전문적으로 해줄 사람이 없었다. 그런데 송호연 이사가 이런 역할을 하고 있었다. 송호연 이사는 ESOP컨설팅 전문가로 경험이 많았으며 논리와 합리성을 갖춘 분으로 정보전달과 설득력이 훌륭한 분이었다.

2016년 10월 27일 노조가 준비하고, 그를 초청했다. 장소는 본사 지하 식당이었다. 강의 날, 송호연 이사는 충실하게 답을 해주었다. 그의 강의는 직원들이 쉽게 접할 수 없는 정보(송호연 이사가 제출한 자료에 따르면, 시가 총액의 경우, 한진중공업홀딩스 1,595억, 한진중공업 4,147억, 한국종합기술 634억이었다.)를 공유하며 시작했다.

또 "특수선 부문은 남기고, 나머지는 청산한다"라는 한진중공업의 매각 전략과 수빅조선소에 대한 지급보증현황 등 매각과 관련해 정확히 알아야 하는 재무 상황도 알려주었다. 자율 협약 체결의 핵심 원인인 수빅조선소의 경우, 회계처리에도 의문(총지급보증금액이 2조 2,476억에 달하며, 당시 조선사업부의 추가 손실 1,900억이 발견 되었다.)이 제기된다고 말했다.

특히 그는 삼부토건, 삼안엔지니어링, STX조선해양 등 자율 협약에 들어갔던 기업의 사례를 보여주었는데, 그 결과는 암담했다. 회생절차(법정관리)를 진행하더라도 적정시점에 지원책이 제공되지 않아서 자율 협약에 들어가면 사실상 기업이 이전 상태로 정상화되는 것은 불가능하다고 설명해 주었다. 그는 덧붙여서 노동조합 중심으로 대응 방향을 모색할 것, 그룹 본사에 대한 감시 및 평가, 위기가 확실해질 경우에 대비한 Plan B의 수립, 한국종합기술의 자산 유출에 대비한 반대 논리의 개발 등이 필요하다고 조언했다.

또 송호연 이사는 강의 중에 다음과 같은 말을 더했다.

"기업의 회생을 이야기하지만, 사실상 투자금만 회수하려 한다. 경영 정상화는 그다음이다. 돈이 되는 부동산과 생산설비가 있으면 일단 팔고, 그 돈으로 투자금을 보전하려 한다. 소유주가 바뀌면 급여 삭감 등 근로조건이 낮아지고, 임직원은 물론 조합원들까지도 감원과 퇴사를 할 수밖에 없게 된다."

이 말은 직원들의 입장에서 회사의 시가 총액이 얼마인지, 회사가 어떻게 자율 협약에 들어가게 되었는지 보다 현실적이고, 피부에 와닿는 말들이었다. 특히 동종업종인 삼안엔지니어링과 삼부토건의 사례, 그리고 그룹의 핵심인 한진중공업과 동종업종인 STX중공업의 사례가 더해져 더 실감 나게 다가왔다. 게다가 그는 다음과 같은 말도 덧붙였다.

"1997년 IMF 이후 내수 시장은 위축되었고, 해외 경기도 악화되었다. 이에 수출이 어려움을 겪고 있는데, 이 현상은 조선은 물론 철강, 화학, 전자 등으로 번질 가능성이 있다"고 말했다.

그의 설명에 따르면 조선업의 불황은 거시적으로 회복할 수 없는 대세였다. 따라서 대량의 자금을 투여해도 수빅조선소의 위기는 해소될 수 없는 것이었다.

나는 다시 한번 각인했다. 어떤 것은 흔히 아는 내용이라고 말할 수도 있었지만, 그날은 다르게 다가왔다. 약간의 걱정이 실리고, '우리도 하루아침에 주인이 바뀔 수도 있겠구나!'라는 생각과 함께 매각 같은 상황이 벌어졌을 때, 그것을 해결하는 것이 '쉽지 않겠다'는 느낌이 다가왔다.

이날 참석자는 250여 명 정도로 본사 근무 노조원 60% 정도가 참여했다. 이날 직원들은 무엇을 느꼈을까? 후에 노동조합이 중심이 되어 회사를 인수하자고 했을 때, 자발적으로 참여한 것을 보면, 분명 이날 강의는 직원들에게 영향을 주었을 것이다. 그것은 여운일 수도 있고, 미래로 가는 가느다란 끈일 수도 있다. 그러나 어렴풋이나마 최소한 한진중공업이 어떻게 자율 협약에 들어가게 되었는지, 또 우리 회사가 매각되면 경영 부실화가 벌어질 수 있고, 직원 개개인에게는 사실상 강제 퇴사, 급여 삭감, 복지의 후퇴 등이 나타날 것이라 생각했을 것이다.

뒤에서 이야기하겠지만 송호연 이사는 인수과정은 물론 거버넌스 구축과정에서 많은 자문을 해주었다. 입찰 자문을 비롯해 각종 서류 준비에서 송호연 이사의 역할은 필수였다.

오너가 황제니, 뻘짓을 막을 수 없다

왜 한진중공업은 위기를 겪게 되었을까?

2006년 그룹 본사는 빅싱크(Big Think)라는 캐치프레이즈를 내세우며, 필리핀 수빅만에 세계에서 네 번째로 큰 조선소 건설을 추진한다. 조선업은 그룹의 핵심이었다. 이에 그룹은 핵심 전력을 쏟아부었다.

투자 비용 6,400억, 운영비용 4,700억 등 2조 이상을 투입했다.(「2兆 들인 한진重 수비크조선소 '기업회생' 신청」, 한국경제. 2019년 1월 8일.) 시공은 한진중공업이 직접 했고, 우리 회사도 설계와 감리에 참여했다. 당시 이강록 사장은 우리 회사 대표였다. 그는 한진중공업 토목본부장 출신이었었는데, 공사 기간 총괄 지휘자로 줄곧 필리핀에 머물렀다.

2008년 첫 선박을 인도한 후, 100여 척의 선박을 건조하고, 한때 고용 노동자가 3만여 명에 달하는 등 외형적으로 순조로운 성장세를 보였다. 조남호 회장은 2008년 7월 9일 아로요 대통령으로부터 필리핀 대통령 훈장까지 받았다.

그러나 겉으로 드러나는 실적과 달리 수빅조선소는 초기부터 위기를 겪었다. 2008년 서브프라임 모기지 사태와 함께 9월 15일 미국 투자은행 리먼브라더스 파산 사태가 있었다. 그 여파로 글로벌 금융위기가 발생했다. 그룹의 핵심 사업체인 수빅조선소도 이 영향을 받았다. 작게 받은 것이 아니라 그 정도가 매우 컸다. 선박 발주는 감소했고, 이미 건조된 선박도 찾아가지 않았다. 악순환의 시작이었다. 대출은 만기 도래했고, 이자를 갚기 어려운 상황으로 몰리게 되었다. 결국 2016년 그룹 본사는 한국종합기술은 물론 계열사의 주식을 담보로 자금을 빌렸다.

그러나 악순환은 수습되지 않았다. 수빅조선소가 주로 건조했던 원유 운반선과 컨테이너선의 경쟁력은 중국 조선소에 비해 뒤처지기 시작했다. 중국 조선소는 가격 경쟁력과 기술력에서 앞섰다. 원래 한국 인력의 10% 수준에 불과한 필리핀의 인건비(월 8,100페소·약 17만 원·초임 기준)를 바탕으로 건조물량을 늘려 이윤을 내겠다는 취지(「2조 공중분해… 수빅조선소는 무엇을 남겼나」, 경향신문. 2019년 3월 9일.)였으나 그것은 잘못된 판단이었다.

실제 운영 과정에서 보이지 않는 변수도 등장했다. 필리핀 노동자의 교육 수준이 낮았다. 회사는 교육센터를 세우고, 필리핀 노동자를 대상으로 기술교육을 시켰다. 그러나 그들은 오래 근무하지 않았다. 대부분 2~3달이 지나면 그만두고, 해외 취업을 모색했다. 항상 숙련된 기술자 부족에 시달려야 했다. 납품 기일이 다가와도 배가 완성될 기미는 보이지 않았다. 이런 일이 계속 생겨났다. 누가 보아도 전략적 실패는 분명했다.

수빅조선소 투자에 대한 비판은 다수 미디어에 실렸는데, 특히 2019년 2월 15일 방영된 김용민 TV의 동영상은 그 내용이 매우 직설적이며 가감이 없다.

「알거지 된 한진중공업, 무능한 재벌 오너 때문에 고통받는 노동자들」이란 동영상에 출연한 민중의소리 이완배 기자는 "조선은 속도전 벌이면 죽습니다. 용접에 기포가 생기면 다 뜯어내야 한다니까요"라며, 기술력의 중요성, 조선산업의 특성을 모르는 오너가 저임금만 믿고, 필리핀에 투자했다는 사실을 지적하고 있다. 또 그는 "모르면 닥치고 있어야 하는데, 오너가 황제니 이런 뻘짓을 막을 수 없습니다"라며 조남호 회장을 비판했다.

°종업원 인수가 답이다

연대활동이 알려준 것들

"종업원 직접 인수"

나는 2017년 12월 최종 인수 때까지 이 생각을 흔들림 없이 밀고 나갔다. 누군가는 확신에 대한 흔들림이 없었냐고, 물어보는데, 나는 그런 고민이 사실상 없었다.

인수에 대한 확신은 어디서 생겨났을까?

누군가 이렇게 묻는다면, 일단 나의 노조 활동을 꼽고 싶다. 나는 2013년 한국종합기술 노동조합 위원장이 되었다. 일차적으로 조합원들의 권익과 단결을 위해 일했지만, 타 기업 노동조합, 외부 단체와의 연대에도 힘썼다.

한국종합기술 노조는 민주노총 산하 건설산업연맹의 건설기업노동조합에 속했다. 건설기업노동조합은 대우, 동부, 두산, 한라 등의 건설회사와 한국종합기술, 삼안, 서영 등의 건설엔지니어링사 노동조합이 참여하고 있다. 나는 노조위원장들과 친해졌고, 건설기업노조 총무국장도 맡았다. 자연스럽게 업계에 노동 이슈가 생겼을 때 함께 고민하곤 했다.

큰 성과도 있었다. 삼성, 서영, 건일 등 엔지니어링사의 노조가 만들어지는 데 일조했다. 임직원들은 M&A라는 상황에서 건설기업노조에 도움을 요청했고, 그때마다 나는 노조위원장들, 노조 관계자들과 함께 발 벗고 나섰다.

이 과정에서 나는 부당함과 안타까움, 씁쓸함을 느꼈다. 노조 건설은 분명히 성과였지만, 또한 나는 '자본이 금융을 이용해 어떻게 이익을 취하는지'를 알게 되었는데, 이것은 후에 임직원이 직접 나서서 한국종합기술을 인수하는 것이 최선이라는 확신을 갖게 해주었다.

한국종합기술을 어떻게 인수하고, 거버넌스를 어떻게 구축했는지 본격적인 이야기를 시작하기 전에 먼저 우리처럼 M&A에 빠졌던 동종업종(엔지니어링) 기업들의 이야기를 해보자.

삼안엔지니어링(삼안)은 내가 입사 면접을 본 회사 중에 하나였다. 나는 최종 면접 대상 3인 중 한 명이었는데, 합격하지 못했다. 내가 면접을 볼 때, 한국종합기술은 1994년 민영화 이후 매출 하락으로 업계 9~10위권에 있다가 겨우 5위권으로 회복한 상태였는데, 삼안은 2002년부터 7

년 연속 동종업계 1위를 기록하고 있었다.

삼안은 1967년에 설립된 회사로 한국종합기술, 도화엔지니어링과 함께 우리나라 토목, 건설 시공의 산증인으로 프라임그룹(프라임그룹은 1984년에 설립되어 강변 테크노마트를 건설하고, 프라임저축은행, 동아건설 등을 인수한 대기업으로 성장했다. 프라임그룹은 주로 M&A로 기업의 규모를 키워왔다. 1998년 삼안의 인수 합병도 이런 연장선상이었던 것으로 보인다.)의 계열사였다. 삼안은 경영실적이 건강했다. 2009년 매출 2,916억, 영업이익 197억을 기록했다. 삼안은 매년 100억 상당의 이익금을 남겼다. 문제는 모기업이었다. 프라임그룹은 2008년 리먼브라더스 사태 이후 금융 유동성 위기를 겪으면서 삼안을 '차입경영의 희생양'으로 삼으려 했다.

"프라임 측은 같은 해 그룹 차입경영의 희생양으로 계열사 지원금 1,200억 원을 떠안기면서 삼안의 위기를 초래했다. 더구나 2010년에는 롯데건설로 매각을 눈앞에 앞두고 부채가 발견돼 이마저도 결렬됐고 2011년 8월 결국 워크아웃을 신청하기에 이르렀다."

_「구태신 삼안 노조위원장 워크아웃 3년 차 삼안, "노사가 협력하면 불가능은 없어"」. 엔지니어링데일리. 2014년 3월 28일.

이에 삼안 직원들은 2010년 12월 노조를 만들었는데, 3일 만에 전체 임직원 1,600여 명 중 1천여 명이 가입해 프라임그룹 본사의 횡포가 얼마나 대단했는지를 보여주었다. 그러나 프라임그룹은 횡포를 멈추지 않았다. 삼안 임직원들이 만들어낸 이익금을 프라임그룹 본사의 손해를 메꾸는데, 부당하게 이용했다.

"2011년 1월 프라임그룹은 경기 과천에 사옥을 갖고 있던 삼안을 서울 구의동 소재 프라임센터로 강제로 이전시켜 임대보증금 740억 원을 받아 그룹의 유동성 위기를 해결했다. 또 계열사인 프라임개발의 운영자금 220억 원에 대한 지급보증을 강제로 서게 했는데, 2011년 한 해 동안 무려 1천억 가량의 자금을 빼갔다."

_「삼안 노조 "프라임그룹이 1,000억 착취"」. 이투데이. 2011년 8월 31일.

프라임그룹의 무책임은 이것으로 끝나지 않았다. 2011년 임금이 체불된 데 이어 그해 말까지도 해결 방안을 마련하지 않았다. 삼안을 매각하려는 프라임그룹의 목표는 집요했다. 첫 매각 시도는 2010년부터 계속 있었는데, 결국 2015년 한맥기술에 매각했다.

삼안은 기술력과 영업력이 있었지만 오랫동안 프라임그룹의 캐시카우 역할을 했고, 매각이 논의되면서 껍데기만 남게 되었다. 한때 매출의 급락을 겪었던 삼안은 2024년 현재 업계 5위(「10조 원 돌파한 ENG 수주실적, 역대급 최고치 '달성'」. 이명주. 2024년 4월 29일.)로 매출을 회복했다.

당시 노동조합 위원장은 구태신 씨였다. 그는 30대 후반으로 회사에 대한 애정이 넘쳤고, 프라임그룹의 부당한 경영을 막으려 애썼다. 나는 구태신 위원장과 친하게 지냈다. 회의 때, 그의 고민을 들었고, 저녁에는 종종 술자리를 가지면서 어떻게 하면 그와 삼안 노조에 힘이 될 수 있을까 고민했다.

그는 단지 부당한 경영을 막는다는 생각만으로는 사태를 수습할 수 없다는 것을 깨달았다. 그는 우리사주조합을 활용해 회사를 인수하려 했다. 그의 생각은 혁신적이었다. 나도 그의 생각에 동의했다. 그는 임직원들을 규합하기 위해 설명회도 개최하고, 우리사주조합의 가입 원서도 받았다. 또 계속 인수자금을 어떻게 조달할지 고민했다. 이때 송호연 이사가 함께 참여했다. 그러나 그의 생각은 다음과 같은 이유로 좌절을 겪고 말았다.

첫째, 직원들의 동의를 광범위하게 얻는 데 어려움이 있었다. 인수하려면 다수 직원, 아니 거의 모든 직원의 참여가 중요한데, 이 점에서 좌절이 있었다. 엔지니어링 회사는 노조원보다 노조에 속하지 않은 임원의 숫자가 많다. 따라서 노동조합원만으로 인수를 추진하려면 양적으로 힘이 들 수밖에 없다. 대규모 자금이 필요한데, 그 자금을 노조원만의 힘으로 모아내는 것은 쉬운 일이 아니다. 게다가 경영진과 임원들의 미참여는 자연스럽게 이들의 소외를 부르고, 소외된 이들은 점차 인수에 반대하거나 방관하는 집단으로 세력화되었다.

둘째, 자금조달의 어려움이다. 워크아웃 기간이 3년 이상 장기화되었는데, 이것이 결정적 요인이었다. 인수 자금조달의 핵심은 임직원 각자가 돈을 마련하고, 이것을 모아내는 것이다. 그러나 월급이 2달여 연체되고, 직원 개개인의 생활고가 생겨났다. 결국 인수 논의 자체가 불가했다.

이런 과정이 지루하게 진행되면 임직원들의 심리적인 불안감은 커져만 간다. 특히 사무직, 전문직 임직원이 다수인 엔지니어링 회사의 특성상, 이들은 다른 회사로 이직하거나 이직하는데 신경을 집중하게 된다. 결국 회사의 미래에 대한 논의가 힘들어진다.

게다가 감원까지 이어지면서 자금조달은 더 어려워진다. 임직원의 숫자가 한 명이라도 더 있어야 임직원별 비용 부담이 줄어드는데, 임직원이 감소하면서 직원별 비용 부담은 오히려 증가했다. 이것도 임직원들을 하나로 모아 내지 못한 원인이 되었다.

2017년 초에 건설기업노조 삼성엔지니어링 지부와 서영엔지니어링, 건일엔지니어링 노조가 설립되었다. 이들은 M&A라는 상황에 직면해 연대를 요청했다. 나는 설명회도 참여하고, 노조의 필요성, 설립 방법 등 경험을 공유했다.

서영엔지니어링에 대한 M&A는 2015년에 있었다. 2017년 경찰 조사 결과 인수사인 인시티의 M&A는 무자본으로 이루어졌다. 황당한 결과였다. 결국 2017년 10월 대주주 3명 중 2명이 무자본 인수·합병(M&A)과 횡령으로 검찰 수사를 받았다. 연이어 희망퇴직, 정리해고 등 구조조정이 시작됐다.

"이런 와중 같은 달 대주주 한 명이 구속 전 사망하는 사건이 발생했는데, 사망 하루 전에 WM건설(현 서영산업개발)에 서영엔지니어링 지분을 매각했다. … 2017년 임직원 수는 650여 명에서 2018년 3월 530여 명으로 축소됐고, 이후 올해 5월 기준 임직원 수는 520여 명이다."

─「서영엔지니어링노조, 경영진 퇴진 및 밀실 매각 규탄」, 뉴스필드, 2019년 5월 29일.

이 무렵 김태환 씨가 찾아왔다. 그는 노동조합을 설립하고자 했다. 나는 당연히 그를 도왔다. 설명회가 있었는데, 그때 강연자로 두 차례 참여했다. 어떤 날은 늦은 밤까지 머리를 맞대고 노조를 어떻게 설립할 것인지 논의했다. 2017년 6월 긴 시간의 노력과 투쟁 끝에 노동조합이 설립되었다. 당시 노동조합 설립을 주도했던 김태환 씨는 현재도 노동조합 위원장으로 활동하고 있다.

건일엔지니어링은 항만 전문 토목설계회사였다. 직원은 250여 명, 연간 매출이 300~350억 원이었다. 2016년 6월 3일 창업자 손일수 회장이 갑자기 별세했다. 그런데 가족들은 경영을 이어갈 생각이 없었던 것 같았다. 건일은 바로 매각 시장에 나왔고, 2016년 12월 말 천일엔지니어링에 인수되었다. 이후 직원 퇴직과 복지 조건의 후퇴가 있었다. 결국 임직원들은 2017년 2월 노동조합을 설립했다.

"경영효율화를 위해 경리부 직원 전원을 내보낸 데 이어 포괄임금제를 적용하면서 임직원들의 불만이 쌓여갔다. 포괄임금제는 야근수당 등을 모두 포함해 연봉제로 계약을 체결하는 방식이다. … 이러한 회사 경영방침에 대해 임직원들은 지난 1월 말 230여 명의 임직원 중 과반수가 참여하는 노동조합을 설립한 데 이어 건설기업노조에 가입하며, 권익확보에 나섰다."

「건일엔지니어링 과반수 참여한 노동조합 설립」, 대한경제, 2017년 2월 17일.

이때 노조 측 관계자로부터 연락이 왔다. 회사의 경영상태를 분석하고, 노동조합을 어떻게 운영할 것인지 등에 조언을 주는데, 나는 노조가 건네준 자료를 분석하면서 깜짝 놀랐다.

4년 동안의 재무제표였다. 건일은 건실한 회사였다. 해마다 평균 30억의 이익이 발생했다. 연간 매출액이 300~350억인 회사에서 30억의 이익이 발생한다면 누구라도 탐낼 회사였다. 4년 동안 누적 이익이 119억이었다.

그런데 창업주가 110억을 배당받았다. 게다가 사옥이 개인 소유라 회사는 창업주에게 비싼 임대료를 지불하고 있었다. 그러나 직원들의 급여는 한국종합기술의 80%에 불과했다. 이때까지 노동조합이 없었던 탓도 있지만, 소유주는 110억 이상의 큰 이익을 챙기고, 직원들에게는 소홀했다.

기업 경영에는 여러 가지 리스크가 있다. 대외 환경 같은 외부 요인도 있지만 인사, 기술력의 낮음 등 내부 리스크도 있다. 나는 내부 리스크 중에 가장 큰 요소는 오너리스크라고 생각한다. 삼안과 서영, 건일엔지니어링이 M&A에 몰리게 된 큰 이유는 오너리스크라고 생각한다.

동호엔지니어링의 파산은 오너리스크의 끝이 어디인지를 보여주는 사례였다. 동호는 2009년 매출 1,716억으로 업계 3위였으며, 1인당 수주액도 3억 6,200만 원으로 업계의 압도적인 1위였다. 그런데 불과 5년이 지난 2014년 7월 25일 매각작업 무산으로 파산했다. 이때의 상황을 알려주는 신문 보도를 소개한다.

매각 관계자는 "1인당 매출 1위였던 동호의 전임 경영진은 호황기에 번 돈을 안양 호계동 신사옥 건립에 투입했는데 불필요한 무리한 결정이었다"며, "작년 세무조사에서는 최대 주주인 전임회장이 경영권을 2세에게 넘기며 회삿돈으로 증여세를 납부한 사실이 적발돼 수십억 원의 세금폭탄을 맞기도 했다"고 꼬집었다.(「동호, 회생절차 폐지 '항고'… 법원, 항고 보조금 '공탁 명령'」. 엔지니어링데일리. 2014년 6월 13일.)

고기리 연수원 부지의 경우에도 연수원은 짓지 않고 오너 및 사장의 개인 주택을 지어 거주한 것으로 알려져 있다. 이에 대해서 2013년 세무조사시 비업무용토지를 연수원으로 가장하여 세금을 축소 신고한 것에 대해 지적받은 것으로 알려졌다. ~ 동호는 2013년 5월의 세무조사 결과 50여억 원의 추징세액을 부과받은 것으로 알려져 있다.(「㈜동호 파산 원인과 직원들 피해는?」조경뉴스. 2014년 8월 14일.)

다른 노조와의 연대는 분명 나에게 확신을 주었다. 삼안, 서영, 건일, 동호 엔지니어링의 사례를 지켜보면서 결국 매각에 들어가면 정리해고,

인원 감축은 불가피하고, 임직원들이 만들어낸 이익을 인수기업이 자신들의 투자금 이상으로 가져간다는 사실을 알게 되었다. 인수기업은 고용 안정, 재투자 등을 약속하지만 그것은 흔한 말로 약속에 불과할 뿐이었고, 또 약속 불이행을 하더라도 인수기업은 어떤 법적제재도 받지 않는다.

또한 오너리스크는 기업이 M&A에 들어가는 주된 이유라 생각했다. 특히 동호엔지니어링을 보면서 그런 생각이 더 들었다. 소유주의 잘못된 투자와 지극히 개인적인 과도한 씀씀이, 또는 2세, 3세 경영을 하는 소유주 가족의 무능력함이 크다고 생각했다.

최선은 인수였다. 특히 삼안, 건일, 서영 등 다른 엔지니어링기업과 비교해 볼 때, 우리는 임직원 인수에 나서면 충분히 가능성이 있다고 보았다. 불안한 마음보다는 확신이 들었고, 밑질 것이 하나도 없는 일이라 생각했다.

게다가 우리 회사는 종업원 직접 인수에 나섰다가 실패했던 삼안의 사례에 비춰볼 때 여건이 더 좋은 편이었다. 노조를 중심으로 한 삼안 임직원들과 프라임그룹 본사와의 갈등은 3~4년간 장기전으로 흘러갔다. 갈등 초반 임금체불로 임직원들은 생활적 고통이 발생했다. 이 상황은 갈수록 가중되었다. 결국 직접 인수에 대한 동력을 크게 상실했다. 인수의 전면에 나서야 할 장기근속 직원 다수는 생계를 위해 퇴사할 수밖에 없었다. 반면 회사에 대한 애정이 부족한 신입 직원 중심으로 인수에 나선다는 것은 쉽지 않은 일이었다. 그러나 우리 회사는 마음만 먹는다면 다른 결과를 낼 수 있다고 생각했다.

첫째, 우리 회사는 M&A 발표 전까지 해마다 성장했고 업계 내에서 복지수준도 우수했다.

둘째, 행운이 따랐다. 삼안과 달리 법정관리 또는 M&A가 장기적으로 지속되지 않았다. 우리 회사의 매각 발표는 이전부터 이야기가 돌았지만 사실 예상치 못한 갑작스러운 성격이 강했다. 그러다 보니 임직원들이 임금 체불, 갈등 장기화 등으로 지친 상태가 아니었다. 바꿔 말해 '한번 해 보자'며 힘을 모을 수 있었다.

셋째, 임직원의 숫자가 많았다. 인수를 하려면 큰돈이 필요하다. 임직원의 숫자가 많으면 개인별 비용 부담이 줄어들어 참여자가 늘어나고, 인수자금을 모으기도 더 쉽다.

넷째, 우리 회사의 노동조합은 역사와 전통이 있었다. 이에 임직원들은 노동조합에 대한 신뢰, 존중감이 있었다. 종업원 인수는 노동조합이 중심이 될 수밖에 없는데, 노동조합은 좀 더 빠르게, 결단성 있게 의사결정을 내릴 수가 있었다.

º마음의 준비가 있었다

2017년 3월 27일, 매각 사실을 처음 확인했을 때, 나는 그렇게 당황하지 않았던 것 같다. 낙관적으로 생각하는 성격 탓도 있지만, 한편으로 마음의 준비도 있었다.

"매각이 있을까? 없을까?"

반신반의했지만 이미 2016년 그룹 본사가 자율 협약에 들어갔다고 했을 때부터 조금씩 마음의 준비를 했다. 또 매각 사실을 인지하기 한 달 반 전인 2017년 2월 13일에는 「종업원지주제를 활용한 기업 인수 참여」라는 별도의 문건을 삼안엔지니어링 구태신 노동조합 위원장의 도움을 받아 A4 2장으로 작성하기도 했다. 이 문건은 이인제 사장이 선임된 후, '매각 이슈가 있지 않을까?'라는 우려의 반영이었고, 그에 대한 나의 고민을 정리한 것이었다.

당시 문건은 인수까지의 단계만을 정리해 놓아 한계는 명확했다. 그러나 매각이 시작되었을 때, 망설임 없이 대처하는 데 큰 도움이 되었다. 나는 항상 긍정적인 마인드를 가지려고 노력한다. 나는 '이렇게 된 이상, 우리가 인수를 해야겠다'라고 마음먹었다.

"여차하면 인수해야지."

사실 이 생각은 매각 이야기가 나올 때마다 들었는데, 그것을 실현해 볼 기회가 주어진 셈이기도 했다.

인수 참여 타이밍을 놓치지 않았다

빠르게 대응하고자 했다. 송호연 이사에 따르면, 노동조합의 대응은 반 박자 늦곤 한다. 자신들의 기업이 매각 또는 M&A에 들어가면 그때에서야 송호연 이사를 찾아오곤 했다. 그때마다 송호연 이사는 대응 방안을 말해 준다. 그리고 강하게 추가적인 조언까지 한다.

"대응은 빠르면 빠를수록 좋습니다."

이것은 특별한 비책은 아니다. 그러나 매우 기본적인 것으로 매각 또는 M&A의 결과를 결정하는 1차 요소였다. 노동조합의 담당자는 고개를 끄덕이며 공감한다. 그러나 연락은 바로 오지 않는다. 다음날은 물론 그 다음 날, 그리고 1주일이 지나도 오지 않는다. 보통 한 달 후에 연락이 온다. 이것이 하나의 패턴처럼 움직였다.

노동조합이 게으르거나 관료적이라 그런 것이 아니다. 신중하기 때문이다. 마음의 준비를 하느라 바쁘다. 그러다 보니 실행할 타이밍을 놓치곤 한다. 매각과 M&A 상황은 이미 몇 개의 큰 걸음을 내디뎠는데, 그제서야 노동조합의 대응이 시작되는 것이다. 이때쯤이면 봇물이 크게 터진 뒤라 수습은 더 어려워지고, 결국 뻔히 보이는 실패라는 길로 갈 수밖에 없게 된다.

사실 다행스럽다. 이 기준에 따르면 나와 우리 회사의 노조는 매각 공시 전부터 송호연 이사를 만났고, 매각 공시가 났을 때도 곧바로 송호연 이사와 긴밀하게 만나며, 대응 방안을 논의하기 시작했다.

3월 29일 우리는 자문회의 및 노조집행부 회의를 열었다. 이날 송호연 이사도 참가했다. 마음속에 뜻은 있었지만, 처음부터 종업원 인수를 이야기했던 것은 아니었다. 우리는 상황을 공유했고 다음과 같이 뜻을 모았다.

"우리가 인수를 추진하자. 최적의 조건이다."

이렇게 말을 주고받았고, 더불어 우리사주조합을 활용할 것을 제안했다. 노동조합 집행부 내에서도 100% 동의가 되는 것은 아니었다. 어떤 집행부원이 이렇게 말했다.

"이상적이다, 실현되면 좋겠다. 그러나 가능할까요"라거나 "임직원 돈을 받아 인수에 참여했다가 잘못되면 어떻게 하죠."

그러나 이 말은 인수에 대한 반대 의견은 아니었다. 그것은 걱정이 섞인 우려였다.

다음날 3월 30일, 기업노조 정윤호 사무처장을 초청해 회의를 가졌다. 정윤호 사무처장은 독특한 경험의 소유자였다. 그는 M&A가 어떤 것인지 직접 몸으로 겪어 본 사람이었다. 그는 인수에 참여한 것은 아니었지만, 건영건설의 노동조합 위원장으로 있을 때, 회사는 몇 번이나 M&A의 격랑 속으로 빠져들고 말았다. 그때마다 그는 고통스러웠지만 때론 맞서 싸우고, 때론 인내하며 그 과정을 버텨내고, 회사가 자리를 찾아가는데 기여했다.

2003년 건영건설은 경영악화로 상장이 폐지되어 2006년 LIG그룹의 계열사로 편입되었다. 또 2007년에는 회생절차를 마치고, LIG건영으로 상호를 변경하고, 2010년 LIG 한보건설을 합병했다. 그러나 2011년 회사는 다시 법정관리로 들어가면서 LIG그룹에서 계열 분리하였으며, 2015년 현승컨소시엄에 인수되어 다시 주식회사 건영으로 사명을 회복했다. 정윤호 사무처장은 "M&A가 되면, 고용 안정은 보장될 수 없고 근로조건은 후퇴한다"고 말했다.

"검찰에 따르면 LIG그룹 총수 일가는 지난해 2월 28일~3월 10일 LIG 법정관리가 불가피해진 사실을 알면서도 LIG건설 명의로 약 242억 원 상당의 CP를 발행한 혐의(특정경제범죄가중처벌법상 사기 및 자본시장법 위반)를 받고 있다."

_「건영 인수자금에 얽힌 LIG 구회장 일가의 부도덕성 '미스테리'」. 중소기업신문. 2012년 9월 26일.

이 외에도 인수과정에서 LIG그룹의 잘 못된 행위가 있었다. 이 행위는 인터넷을 검색하면 쉽게 찾을 수 있다. 2006년 LIG그룹의 건영건설 인수는 매각이 잘 못 되었을 경우, 그 피해가 어떻게 회사와 임직원들에게 돌아오는지를 잘 보여주는 사례였다.

정윤호 사무처장으로부터 인수 방법에 관한 구체적인 팁을 받지는 못했다. 그러나 그와의 대화는 우리에게 강한 동기부여가 되었다. 결국 타 기업에 매각이 되면 "기업 부실화와 고용 불안정이 나타날 수밖에 없구나", "종업원의 직접 인수가 최선의 답이구나"라는 더 강한 확신을 가지게 되었다.

3월 31일에는 2017년 임단협 교섭 공문을 보냈다. 공문 발송은 전략적인 측면이 강했다. 이강록 사장에서 이인제 사장으로 바뀌었고, 매각은 돌이킬 수 없는 사실이 되었다. 이렇게 되면 임직원의 권익을 위해 노동조합은 사측과 대립할 가능성이 높았다. 이때 노동조합의 강력한 무기는 파업권이다. 그런데 파업권을 얻으려면 절차상 사전에 교섭이 몇 차례 있어야 한다. 바꿔 말해 파업권을 얻으려면 시간이 필요했고, 그 시간을 벌기 위해 임단협 교섭 공문을 다른 해보다 빨리 보낸 것이다.

4월 2일에는 건설기업노조 중앙위 수련회에 참가해 매각상황을 공유하고 도움을 요청했다. 당시 건설사 중에는 M&A로 주인이 바뀌는 경우가 많았다. 그러다 보니 노동조합 위원장들은 1~2번 M&A를 겪어볼 수밖에 없었다. 이날 수련회에 참가한 사람 중에는 노동조합 위원장들이 많았다. 나는 우리의 상황을 말하고 연대와 지지를 요청했다.

　노동조합 위원장들은 어떤 뾰족한 방안을 알려주지는 않았지만 지지와 지원, 따뜻한 말을 해주었다. 또한 그들과 대화하며 한 가지 얻은 것은 있었다. 그것은 확신이었다. 매각의 추이를 살펴 가며 단지 투쟁만을 할 수는 없다. 결국 '우리가 인수할 수밖에 없구나!'라는 생각을 다시 한 번 하게 되었다.

우리의 운명을 우리가 결정하지 못했다

　한국종합기술은 원래 매각 대상에 오른 계열사가 아니었다. 한진중공업홀딩스는 한진도시가스, 양주발전소, 대륜에너지 등 3개 계열사(한진도시가스는 경기 북부와 서울 북부에 도시가스를 공급했고, 양주발전소와 대륜에너지는 각각 양주 지역과 별내 등 남양주 지역에 전력을 공급했다.)를 하나로 묶어 매각하려고 했다. 특히 3개 계열사는 우리 회사보다 매출 규모가 컸고, 비상장 회사라 매각도 상대적으로 수월할 것으로 예상되었다.

　그룹은 계열사 3개를 묶어 매각하고 그 돈으로 자구책을 마련하려 했다. 그러나 변수가 있었다. 한진도시가스는 흑자였지만 대륜에너지와 양주발전소는 그 반대였다.

 1년 동안 매각이 진행되었다. 그러나 아무런 성과가 없었다. 이에 주채권자인 산업은행은 결과를 내야만 하는 상황에 다다랐다. 결국 산업은행은 본사를 압박했다. 이것은 당연한 수순이었다. 그룹 본사는 어쩔 수 없었다. 그들은 뭔가 성과를 내야 했다. 그래야 채권단과 산업은행에 신뢰를 주고, 그들을 설득할 수 있다고 판단했을 것이다. 그룹 본사는 고민에 들어갔고, 결국 우리 회사를 매각 대상으로 올렸다.

 내가 종업원지주제로 우리 회사를 인수한다고 선언했을 때, 주변의 반응은 조금씩 달랐다. 첫 번째 반응은 "될까?"였다. 이렇게 말하는 사람의 다수는 "되면 좋겠지만 현실성이 없는데"였다. 충분히 이해가 된다. 이런 사례가 한 번도 없었기 때문이다. 아무도 가보지 않은 길을 이야기하면 사람들은 그것을 이상, 꿈 정도로 생각하는 경향이 있는데, 첫 반응은 그랬다.

 두 번째 반응은 현실적인 것으로 "돈이 모일까?"였다. 이 반응도 충분히 이해가 된다. 우리가 최종적으로 주식 매수를 위해 동원했던 돈은 506억 6,356만 5,120원이었고, 인수 선언 초기 예상 금액은 600억이었다. 누가 보아도 이 돈은 쉽게 모을 수 있는 것이 아니었다.

 세 번째 반응은 "의견을 하나로 모아낼 수 없을 거야"였다. 이렇게 말하는 사람들은 "1,100여 명 직원의 숫자가 너무 많다. 그들의 의견을 하나로 모아 낸다"는 것은 기적 같은 일, 아니 엄두도 낼 수 없는 일이라 생각했던 것 같다.

우리가 인수를 선언하고, 주변에 이를 전파하기 시작했을 때, 다수의 사람들은 말했다.

"인수는 후 순위일 거야. 아마 노동조합은 자기들끼리 뭉칠 것이고, 새로운 소유주가 왔을 때, 대등한 관계를 형성하려 할 거야. 이것을 준비하기 위해 인수를 선언했을 거야."

인수는 나의 진심이었는데, 꽤 많은 사람이 진심이 아니라 노동조합 보호 차원의 전술이라고 생각했다. 어디를 둘러봐도 인수가 성공할 거란 확신에 찬 격려는 없었다.

심한 경우, "헛힘 쓴다"며 연이어 비판의 말을 이어갔다. 이렇게 말하는 분들은 "방향 설정을 잘못했다. 인수가 아니라 다른 길을 찾아야 한다"라고 말했다. 그들은 "노동조합은 숨죽이고 있어야 한다"며, 소위 "날뛰지 마라"는 심한 단어까지 썼다. 노동조합이 조용히 있어야 좋은 기업이 우리 회사를 인수할 것이고, 그래야 그나마라도 회사의 미래가 있다고 말했다.

임원급 중에는 "대기업인 GS건설이 인수할 수도 있다"며, 그렇게 되려면 "노동조합이 목소리를 낮춰야 한다"고 말했다. 실제로 2010년 이전 다수의 건설, 토목 기업이 자율 협약, 워크아웃 또는 M&A에 들어갔고, 종업원지주제를 해보자는 논의들이 상당히 있었다. 그러나 2013, 2014년을 지나면서 종업원지주제보다는 좋은 소유주와 나쁜 소유주를 어떻게 구별할지, 어떻게 해야 좋은 소유주를 만날 수 있는지 등으로 업계의 관심이 바뀌기도 했다.

그러나 이런 주장은 말이 안 된다. 어떤 인수자가 들어오더라도 그 인수자는 우리 회사와 직원들을 위해 선의를 베풀지 않을 것이다. 그들의 가장 큰 목적은 빠른 시간 내에 이익을 환수하는 것이다. 그것 때문에 명예퇴직, 급여 삭감, 자산 매각 등이 벌어지고, 개인은 물론 회사 전체가 피해를 볼 수밖에 없다.

내 주변에는 노조위원장들이 많다. 내가 '종업원 인수'를 언급하자, 그분들은 "대찬성이다. 와우! 인수하면 좋겠다"라는 말과 함께 "우리 회사도 그렇게 해야 하는데"라고 자신의 심정을 표시했다.

기업 인수는 성공할 수도, 실패할 수도 있다. 그러나 실패하더라도 단합된 힘을 보여주었을 때, 재무적 투자자(FI) 같은 기업 사냥꾼 세력이 쉽게 접근하지 못하고, 오히려 정말 기업의 가치를 키워줄 수 있는 비전을 갖춘 회사나 자본가가 들어올 수 있다.

2

눈앞에 나타난 이상과 현실

°첫 단추 _우리사주 조합장이 되다

노동조합과 우리사주조합, 두 가지 방식으로 접근하기

양적으로 세가 있고, 의지가 강하다는 이유만으로 인수가 성공할 수는 없다. 인수전에도 전략과 전술이 필요하다. 나는 종업원 인수를 본격적으로 추진하면서 세 가지 방침을 설정했다.

첫째, 내부 합의와 직원 단결
둘째, 사회적 여론 조성
셋째, 금융기관 설득

이것을 위해 노동조합과 우리사주조합을 적절하게 활용해야겠다고 생각했다. 노동조합은 내부 합의와 직원 단결, 사회적 여론 조성에 필요했다. 노동조합의 이미지는 노동자의 권익을 위한 투쟁단체 성격이 강하다. 또 실제로 그러한 활동을 해왔고, 나도 노조위원장을 하면서 그같은 범주에서 크게 벗어나지 않았다. 또 노동조합은 오랫동안 다져진 조합원 간의 연대 의식이 있었다. 이 의식은 임직원의 단결을 도모하고, 합리적이고, 힘 있는 의사결정을 도출할 수 있을 것으로 보였다. 그러나 노동조합의 한계는 분명했다. 노동조합이 인수과정에서 전면에 서면 우리의 의도와 다르게 부정적인 여론이 조성될 수 있었다.

자금조달은 회사를 인수하는 데 필수 조건이고, 이를 위해 금융기관을 상대해야 했다. 그러나 노동조합은 이에 맞지 않는 조직이다. 따라서 제도를 활용해야 했다. 우리사주조합은 이에 적합했다. 우리사주조합은 주식 소유가 가능했고, 법적으로 회사를 인수할 수 있는 길[2]도 열려 있었다.

---

2. 우리사주제도는 노동자에게 자사주를 취득하게 하는 제도이다. 노동자라면 우리사주조합을 설립하여 자기 회사 주식을 취득, 보유할 수 있다. 우리나라는 1968년 「자본시장육성에 관한 법률」에 따라 우선 배정제도로 처음 도입했고, 2001년 김대중 정부 때 우리사주제도의 일반적 근거가 되는 「근로자복지기본법」이 제정되었다. 노동자가 마음만 먹는다면 우리사주를 취득하고, 기업을 인수할 수 있게 된 셈이다. 그러나 이명박, 박근혜 정부를 거치면서 사회적으로 이 법은 유명무실화되었다. 그러나 법적 근거가 명확했기에 우리는 이 불씨를 살려야겠다고 마음먹었다.

경영지원본부장과의 협의, 그리고 공조

한국증권금융 우리사주지원센터 통계에 의하면, 2023년 12월 기준 총 3,717개 회사가 우리사주 제도를 운영하고 있으며, 코스피 상장사 709개, 코스닥 상장사 1,176개 그 외 1,832개 기업이 우리사주조합을 운영하고 있다.

그러나 기업의 우리사주조합은 사실 요식행위와 다름없었다. 차이가 있다면 소유주가 임직원들을 위해 좀 더 많은 양의 주식을 넘겨준 곳이 있다는 사실이다. 그러나 이 경우에도 제1 주주는 임직원이 아니라 기업의 소유주이다. 이런 상황에서 임직원이 경영까지 참여하는 것은 불가능했다.

"여러분이 회사의 주인입니다. 주인의식을 가지고 열심히 합시다."

이 말은 사실 슬로건에 불과하다고 생각한다. 우리 회사도 마찬가지였다. 경영지원본부장이 조합장, 총무 부서장이 감사와 같은 방식으로 조직을 꾸리고 있었다. 누가 보아도 형식에 불과했다.

이상인 본부장은 경영지원본부장으로서 조합장을 맡고 있었다. 그는 그룹 본사 주요 임원으로 근무하던 중에 한국종합기술로 왔다. 그의 주 분야는 인사와 재무였다. 이상인 본부장은 매월 그룹 본사 임원 회의에 참가했는데, 그 회의의 결정 사항은 그룹 전체에서 가장 영향력이 있었다. 서류상으로 또 대외적으로 대표는 이인제 사장이었지만, 때때로 실질적인 영향력은 이상인 본부장이 더 강했다.

임금 협상은 물론 회사의 중요한 일 다수가 경영지원본부장과의 담판으로 결정되었다. 이상인 경영지원본부장에 대해 평가하라고 하면 나는 합리성, 주도면밀함, 꼼꼼함을 꼽고 싶다. 이상인 본부장은 노조의 존재와 권리를 인정해 주었고, 그에 맞춰 서로 협의와 조정이 이루어졌다. 내가 노조위원장이 되었던 첫해 그는 총무 부서장이었고, 이후 경영지원본부장으로 승진했다.

노조 입장에서 경영지원본부장은 교섭의 대상이고 실질적인 파트너였다. 이상인 본부장과 나는 다섯 차례 임단협과 크고 작은 일들을 겪으면서 서로 존중감과 신뢰를 쌓았다. 굳이 대결하지 않아도 합리적인 의사소통으로 문제를 풀어갈 수 있다는 확신이 있었다.

2017년 4월 5일, 나는 최용준 노조 사무국장과 함께 이상인 경영지원본부장을 만났다. 우리는 차를 타고 나갔다. 강변역 인근 식당에서 점심을 먹고, 카페에서 커피 한잔을 했다. 참석자는 4명으로 나와 최용준 사무국장, 이상인 경영지원본부장과 총무 부서장이었다. 그날의 대화는 이런 식으로 진행되었던 것 같다.

나는 먼저 "우리사주 조합장을 넘겨주십시오"라고 말한 다음 연이어 이유를 말했다.

"불가피하게 회사는 매각 시장에 나왔습니다. 누군가는 인수해야 하는 데 가장 좋은 것은 종업원들의 직접 인수라고 생각합니다."

나는 의사 피력을 계속했다.

"현재 우리사주조합은 형식적인 것에 불과해 인수를 주도할 수 없습니다. 우리사주조합을 새롭게 구성하고 싶습니다."

혹자들은 "이상인 본부장이 반대를 하거나 뭉니를 부리지 않았나요"라고 묻기도 했는데, 그런 일은 일어나지 않았다.

이상인 본부장은 "예 그래요"라며 선선히 동의해 주었고, 잘해보라는 격려의 말까지 잊지 않았다. 나는 이 대화가 어렵게 갈 것이라 생각하지 않았다. 나는 이상인 본부장의 합리성을 믿었고, 이날의 대화도 그 연장선상에서 진행되었다고 본다. 그와 우리 사이에는 후에 어쩔 수 없는 입장의 차이로 의견대립도 있었다. 그러나 그는 인수과정에서 많은 정보를 공유해 주었고, 때론 적절한 조언도 해주었다.

같은 날(4월 5일), 오후 ESOP 자문회의가 있었다. 인수 방안의 하나로 송호연 이사가 차입형 ESOP를 제안했고, 이 방안을 먼저 사용해보기로 했다. 차입형 ESOP는 임직원들이 회사의 보증을 받아 외부 자금을 차입해 기업을 인수하는 방법이다.

이날 참석자가 누구인지 정확히 기억나지 않는다. 아마도 나와 최용준 사무국장, 송호연 이사만 참가했는지, 아니면 노동조합 집행부까지 있었는지 기억이 정확하지 않다. 인수를 결심하고 우선협상권을 받기 전까지 5개월 가까운 시간, 특히 인수 선언 초기에 설명회, 자금조달 등으로 많은 회의가 있었다. 인수라는 규모가 큰 계획을 추진했기에 많은 사람이 참여하는 것이 정상적인 모습이다. 그러나 이때는 여건이 그렇게 되지 못했다. 결정을 해야 하는 많은 상황에서 참석자가 나와 최용준 사무국장, 송호연 이사까지 3명에 불과할 때가 많았다. 주로 인수에 대한 큰 그림은 나와 송호연 이사, 실무 진행은 나와 최용준 사무국장의 의견 교환 후 진행해야 했다.

인수작업에 뛰어든 초기만 해도 임직원들 중에 적지 않은 숫자가 나의 말과 행동에 크게 주목하지 않았던 것 같다. 충분히 이해된다. 종업원 인수라는 것이 우리나라에서 실현된 적이 없었는데, 이것을 하겠다고 선언을 했으니, 그 가능성에 대한 관심과 신뢰가 크지 않았을 것이다. 또 이에 따라 동력도 약했다. 그러니 처음 시작은 미약할 수밖에 없었다.

송호연 이사는 M&A에 들어간 기업의 임직원들이 직접 인수를 시도했을 때 컨설팅을 했던 경험이 풍부했다. 그는 2002년 한국전력기술, 2004년 대우종합기계를 비롯해 대우조선해양과 엔지니어링업체인 삼안 등 다양한 기업의 종업원 직접 인수 컨설팅에 참여한 경험이 있었다.

우리는 계속 빠르게 움직였다. 4월 5일 이상인 본부장을 만나 협조를 구한 다음 날인 4월 6일 곧바로 '우리사주조합 임시총회 공고'를 냈다. 필요에 따라 나는 우리사주조합의 조합장이 되어야 했다. 그러기 위해서는 총회를 통해 기존의 이사진은 모두 사임하고, 새로운 조합장과 이사진을 뽑아야 했다. 근로기준법에 따른 우리사주조합의 정관이 있고, 이 정관에는 총회, 선거, 이사 선임 규정이 있었다. 실무 진행은 국태성 차장(현 상무보)이 했다. 그는 성실하고, 꼼꼼한 사람이었다.

계속되는 바쁜 일정, 그리고 사장과의 면담

4월 7일 이인제 사장을 면담했다. 면담은 노동조합 차원에서 이루어졌다.

이인제 사장은 회사 최초로 내부 승진으로 사장이 되었다. 신입 사원으로 입사해 입지전적인 역사를 썼다. 그는 자신이 신임하는 사람을 유독 챙기는 스타일이란 평가를 듣곤 했지만, 관계 맺는 능력과 영업 수주 결과가 높은 사람이었다. 관을 대상으로 영업력을 발휘했다.

그러나 이인제 사장은 회사의 매각에 대해 자기만의 의견을 표명하지 않았다. 그는 인수에 대해 찬성하는 것도, 그렇다고 반대하는 것도 아니었다. 다만 그는 영업력을 강화하고자 했다. 2017년에 다수의 영업 임원을 영입했다. 정상적 상황이라면 그룹 본사에서 임원 충원에 대해 문제 제기가 있을 수도 있었다. 그러나 매각 이슈가 생기고, 이것에 집중하면서 그룹 본사는 아무런 이야기도 하지 않았다. 아니, 할 수 있는 상황이 아니었다.

나는 혼자 사장실로 찾아갔다. 그 자리에는 사장과 나 외에 아무도 없었다. 정확한 대화 내용은 기억이 안 나는데, "나도 적극적으로 나서겠습니다. 어떻게든 해봅시다"라는 희망적인 말이 오고 간 대화는 아니었다. 이인제 사장은 대략 이렇게 말했다.

"나는 한국종합기술이 어떻게 하면 수주를 잘 할 수 있을까? 그 생각만 해요. 본부장으로 있을 때, 영업 인력이 부족하다는 한계를 느꼈어요. 나는 사장으로서 맡은 일을 열심히 하려고 합니다."

그의 말과 행동은 "경영과 수주에만 집중하겠다"는 것으로 들렸다. 평상시라면 충분히 가능한 이야기이고, 사장으로서 당연한 이야기였다. 그러나 회사가 어느 곳에 팔릴지 알 수 없고, 그 결과 수백 명의 직원들이 실업자가 될 수도 있는 상황인데, 그가 보여준 모습은 답답함의 연속이었다. 심하게 말하면 방관, 방치로 보였다.

4월 7일 이인제 사장과의 면담 후, 8월 16일 우선협상대상자로 선정될 때까지 4개월여 동안 대표와 진지하게 대면한 적이 없다. 사장에 대한 부정적인 소문만 무성하게 들릴 뿐이었다.

임직원들은 "사장님은 인수에 성공하지 못할 것이라고 생각해서"라고 말하면서 "사장님은 직원들이 인수하는 것에 반대해"라거나 "사장님이 인수 예정자와 모종의 이야기를 하지 않았을까"라는 확인 안 된 말까지 했다. 인수와 상관없이 "경영실적을 올리면, 그것을 어필해 사장으로 재신임받으려 한다"는 것이 소문의 근거였다. 이인제 사장의 정확한 의중은 지금도 모르겠다.

2017년과 그 이후 몇 년은 회사의 운명이 어떻게 될지 모르는 위기 상황이었다. 만약 투기자본이 회사를 인수했다면 규모가 크게 축소되거나, 확률은 낮지만 종국에는 문을 닫았을 수도 있었다.

이에 임직원들은 회사를 살리고, 자신의 직장을 지키고자 단결했다. 그러나 이인제 대표님은 그러한 모습을 받아 안아 맨 앞에 서주는 모습을 끝내 보여주지 않았다. 아쉬움이 컸다.

이날(4월 7일) 오후에는 송호연 이사와 대책회의를 했다. 또 소문을 인지한 건설전문 신문인 엔지니어링데일리의 기자로부터 사실 확인 문의가 있었다. 풍문 조회로 매각을 확인한 후 1주일이 지나자 그 소식이 업계의 기자들에게 퍼져나갔다. 이것은 사실상 우리 회사의 매각 이슈가 업계 전체로 알려졌다는 것을 의미했다.

4월 10일은 많은 일정이 있었다. 먼저 우리사주조합 규약변경 및 이사 선출, 공고 요청이 있었고, 또 노조 사무실에서 건설기업노조 법정관리 지부 회의가 있었다. 법정관리 지부 회의에는 법정관리에 들어간 회사의 노동조합 위원장들이 참여했다. 이 회의에 참여하는 회사는 주인은 없고, 은행에서 파견한 관리인만 있는 상태였다. 우리는 연대, 지지와 함께 현실적으로 도움이 되는 정보를 얻고 싶었다. 우리 회사가 법정관리에 들어간 것은 아니지만, 주인이 새로 바뀐다는 점에서 이 회의 참여는 충분히 도움이 될 수 있었다.

같은 날(4월 10일), 한진중공업홀딩스로 "한국종합기술 지분 매각 사실 확인 요청" 공문을 보냈다. 우리는 매각 사실을 풍문 조회로 인지하고 있었다. 따라서 우리는 매각 주체인 한진중공업홀딩스에게 공식적으로 사실 확인을 요청하고자 했다. 하지만 우리의 목표는 사실 확인에만 있지 않았다. 우리는 선제적으로 매각에 대응해야 했고, 또 인수라는 더 높은 단계로 나아가고 싶었다. 이에 사실관계를 정확히 명문화하는 것이 필요했다.

4월 11일에도 전날처럼 바쁜 일정을 보냈다. 전날 한진중공업홀딩스에게 보낸 동일한 내용의 공문(한국종합기술 지분 매각 사실 확인 요청)을 주채권은행인 산업은행에도 보냈다. 4월 10~11일 양일간 한진중공업홀딩스와 산업은행에 공식 확인을 요청한 셈이다. 같은 날, 노동조합 상임집행부 회의가 열렸는데, 매각 진행 상황을 공유했다.

또 두 명의 기자를 만났다. 우리의 소식을 알리고, 이를 통해 외부의 도움을 받는 것이 필요했다. 엔지니어링데일리의 정장희 기자에게 연락해 전화 인터뷰를 진행했다. 그는 4월 12일 「한국종합기술 매각, 물살 타나」 기사에서 우리 회사의 소식을 전하고, 마지막에 "부실의 주체인 그룹사에게 매각을 맡길 수 없다. 한국종합기술 노동조합은 전 임직원을 대표해서 매각의 전 과정을 감시할 것"라고 내 말을 인용해 우리의 입장을 대변했다.

일과 후 저녁에는 아시아경제 임철영 기자를 만났다. 저녁 식사를 하며, 우리 회사의 소식과 입장을 설명했다. 그는 상당한 관심을 보였고, 이후 몇 건의 기사를 써주었다. 기자를 만나 소식을 알리는 것은 다음 날에도 있었다.

4월 12일에는 대한경제 한형용 기자를 만났다. 그는 이틀 뒤인, 4월 14일 「매각설·구조조정에…한종·삼안 임직원 불안불안」 기사에서 "54년간 2,400억 규모의 자산을 갖춘 기업으로 성장한 한국종합기술의 임직원과 공개적인 논의조차 없이 매각을 추진하는 건 용납하기 어려운 일이며, 근로자들의 생존권 확보와 고용 안정을 위해 강력히 대응할 방침"이라는 내 말을 인용해 우리의 소식을 알렸다.

나는 인터뷰 때마다 오너리크스의 문제점, 매각 후 필연적으로 발생하는 임직원 해고, 왜 임직원들에게 우선협상권을 주어야 하는지 등을 일관되게 설명하고, '종업원의 기업 인수'라는 계획을 말했다.

그때마다 기자들은 큰 관심을 보였고, 우리의 입장을 충실하게 전해주고자 했다. 또한 후에 매일 노동뉴스, 참여와 혁신 등 친 노동적인 미디어들도 우리의 입장을 대변하는 기사를 다수 써주었는데, 그들은 경제민주화의 첫걸음, 노동자의 경영 참여 등의 의미를 부여해 주었다.

4월 12일 기업노조 중앙위원회 회의가 있었다. 이 회의는 기업노조들이 주체가 되어 정기적으로 열렸는데 우리는 그때마다 참가했다. 이날 회의는 평소와 비교해 특별했다. 나는 이날 회의에서 매각 이슈와 진행 상황, 향후 투쟁계획 등을 설명하고 연대를 요청했다.

4월 14일 노동조합 대의원 전략 회의를 개최했고, 매각 관련 상황을 공유했다. 노동조합 차원에서 매각 대응 전략을 짰다. 문서는 3장이었는데, 작성을 하면서 두 가지 고민이 있었다.

첫 번째는 매각 사실을 인정하는 것이었다. 매각은 돌이킬 수 없었기 때문에 이것을 인정했고, 나아가 우리의 목표를 '종업원의 인수'로 잡았다. 따라서 매각 반대 투쟁은 내용에 담지 않았다. 두 번째로 책임 있는 자세를 요구하는 것이었다. 한국종합기술은 꾸준히 성장해 온 기업이었다. 따라서 매각에 이르게 한 책임은 한진중공업홀딩스와 조남호 회장에게 있었다. 이에 따라 다음과 같이 핵심 기조를 잡았다.

'채권 회수만의 목적이 아닌 기업의 지속 성장 담보, 매각과정에서 노조의 요구조건 수용, 매각 이후 고용안정보장, 임금·단체협약 승계, 자산 훼손 금지, 동종업계 인수 참여 금지' 등이 그것이다.
나아가 우리는 노동조합의 입장을 발표, 상급 단체인 건설기업노조, 약탈경제반대행동 등 시민단체, 우호적인 국회의원 등과의 연대, 언론을 활용한 여론화 작업 등을 펼치기로 했고, 나아가 성명서 발표, 공문 발송, 노조원 간담회, 선전전 등 세부 방침을 정했다. 또 최종인수가 끝날 때까지 기간별로 어떻게 대응할 것인지 방법을 논의했다.

4월 17일 ESOP 자문회의가 있었다. 또 매각에 대한 노동조합 요구사항을 정리했다. 다음 날인 4월 18일에는 대한경제 한형용 기자를 만났다. 그는 「한진중공업홀딩스, 한국종합기술 매각 검토」(대한경제. 한형용. 2017년 4월 20일.)와 같은 소식은 물론 「임직원 피땀으로 쌓은 자산 훼손하는 매각 반대」(대한경제. 2017년 4월 24일.)와 같은 기사를 써주었다. 이 기사는 우호적인 여론을 형성하는 데 도움이 되었다.

4월 19일 장도중 한국신용평가정보 노조위원장을 만났다. 인수전이 시작된 후, 뜻이 맞는 국회의원들과 접촉하려 했다. 국회의원의 한마디, 혹은 어떤 행동은 우호적인 여론을 형성할 수 있고, 공무원 또는 공기업

인 산업은행을 상대해야 하는 입장에서 그들의 도움이 꼭 필요했다.

우리는 일차적으로 상급 단체인 건설기업노조의 도움을 받았다. 그러나 이와 별도로 나는 개인적인 네트워크도 적극적으로 활용했다. 일말의 가능성이 있다면 무엇이든 시도해 보려는 것이 당시 나의 마음이었다.

장도중 씨는 한국신용평가정보 노동조합 위원장을 오랫동안 역임했으며, 더불어민주당 정책위원회 부의장, 기획재정부 정책보좌관, 신용보증재단 상임이사를 역임했다.

장도중 씨를 처음 만난 것은 2017년 치러진 19대 대선 때였다. 당시 그는 민주당의 정책위원회 부의장으로 문재인 후보의 대선캠프에 참여하고 있었다. 이때 우연한 기회에 그를 만나 대화를 주고받았는데, 정치의식은 물론 노동정책을 바라보는 그의 관점 등에 호감이 생겼다.

그는 나보다 나이가 많은 선배였다. 그는 "영수 씨를 보니, 내가 더 어릴 때가 생각나네요"라며, 호감을 표했다. 나도 그에 대한 호감이 있었다. 게다가 그와 알고 지내면 우리 노동조합에도 좋을 것 같았다. 그날 강동구의 어느 식당에서 함께 밥을 먹었다. 선거 국면에서 그는 정책을 개발하고, 당원을 대상으로 자신의 소신을 피력했으나 국회의원 후보가 되지 못했다.

2017년 4월 장도중 씨는 한국신용평가정보 노동조합 위원장을 맡고 있었다. 나는 4월에 인수 선언 후 그에게 연락했다. 우리가 만난 날은 4

월 19일이었다. 나는 회사의 상황을 알리고, "뜻 있는 국회의원을 접촉하고 싶다"고 말했다. 그러자 그는 강병원 의원이 자신과 동갑이고 친분이 있다며, 그와의 자리를 잡아보겠다고 했다. 나는 그와 함께 강병원 의원을 만나, 종업원 인수에 대한 취지를 설명하고 협조를 부탁했다.

이후 6월 21일 국회 기자회견, 7월 21일 국회 토론회가 있었는데, 강병원 의원은 누구보다 앞장서서 도와주었다. 그 시발점은 이날부터 시작된 셈이다.

직접적인 것은 아니지만 강병원 의원과의 인연은 이전에도 있었다. 김영근 씨는 강병원 의원의 보좌관인데, 건설기업노조를 방문해 지지와 지원을 부탁했다. 그것이 첫 인연이었다.

강병원 의원은 20, 21대 국회의원을 지냈다. 2017년 4월 우리가 도움을 요청했을 때, 그는 20대 국회의원으로 환경노동위원회 소속이었다. 그는 대학 졸업 후 방수자재 판매 영업을 했는데, 그때 동종업계인 삼안 엔지니어링을 방문했다고 한다.

강병원 의원은 대학 시절 총학생회장 출신으로 21세기 진보연합 출범에 참여했다. 아마도 그는 노동자 주인, 자본주의 대안 등에 대한 학습이 있었을 것이다. 그것이 나와 장도중 씨, 건설기업노조에서 종업원 인수라는 이야기를 꺼냈을 때, 망설임 없이 우리와 함께한 계기가 되지 않았을까?

4월 20일 플랜트 본부장, 부서장 면담이 있었다. 또 매각 추진에 대한 답변 공시가 있었다. 한진중공업홀딩스가 매각 주관사를 선정해 한국종합기술을 매각하겠다고 공시했다. 공식적인 절차에 따라 한진중공업홀딩스가 자발적으로 발표한 것은 아니었다. 주식 시장에 풍문이 돌았고, 이에 대해 우리가 한진중공업홀딩스 측에 매각 의사가 있는지 문의했기 때문에 공시가 된 것이었다.

4월 21일, 우리사주조합 임시총회가 개최되었다. 총회는 지하 강당에서 열렸다. 상일동 사옥에 있던 거의 모든 임직원이 참석했던 것으로 기억한다.

2011년 4월 한국종합기술은 유가증권시장에 상장되었다. 회사의 주식은 우리사주조합이 20%까지 소유할 수 있었다. 이때 회사는 일부 돈을 지원하고, 이자 비용을 1년간 보존해주는 조건으로 주식을 배정했다. 이 조치로 한국종합기술의 임직원들은 모두 우리사주조합의 조합원이 되었다.

그러나 이후에 임직원의 추가 가입은 없었다. 2017년 4월 당시 임직원은 1,100여 명으로 자문직, 계약직 등을 제외하면 정규직 임직원은 800~900여 명으로 이들이 우리사주조합의 조합원이 되어야 했는데, 그런 점들이 반영되어 있지 않았다.

우리사주조합은 2011년 설립 이후 유명무실했던 셈이다. 게다가 이후에 법 개정이 있었음에도 그런 내용도 반영되지 않았다. 따라서 우리사주조합으로 종업원 인수에 나서려면 우리사주조합을 빠르게 정비해야 했다. 그러나 우리는 필요한 자료를 가지고 있지 않았다. 설립 이후 6년간 총회는 물론 작은 모임 한번 없었기 때문이다. 송호연 이사에게 도움을 요청했고, 준비된 자료를 바로 받을 수 있었다. 당시 우리사주조합의 간사는 국태성 차장이었다. 그는 송호연 이사가 제공한 자료로 「임원선임 및 규약 변경(안)」을 만들고, 총회가 빠르게 개최될 수 있도록 노력했다.

"종업원 인수를 추진할 것"이고, "우리사주조합을 활용할 계획이다"라는 이야기는 노동조합 대의원과 집행부, 경영진을 중심으로 사전 공유가 있었다. 또 회사의 매각은 확실했기 때문에 총회 당일 인수 계획을 말했고, 그런 이유로 우리사주조합을 정비하고 조합장을 바꾼다고 설명했다.

그러나 이날 참석자 다수는 우리사주조합의 정비가 100% 인수를 위한 준비과정이라고 인식하지 못했을 것이다. 참석자 중에 절반 이상은 조합장이 누구인지 모르고 참석했던 것으로 보인다. 그들은 "그동안 이상인 경영지원본부장이 조합장이었고, 새롭게 노조위원장이 조합장이 되는구나" 정도로 생각했던 것 같다. 이날까지 전체적으로 인수 계획을 설명할 수 있는 기회가 없었다.

이날 나의 목표는 분명했다. 인수하려면 우리사주조합이 필요했고, 첫 단추로 우리사주 조합장이 되어야 했다. 특별하게 질문이 있지는 않았다.

조합장 선출은 투표로 진행했다. 나는 우리사주 조합장, 최용준 사무국장은 우리사주조합의 감사가 되었다. 개인적으로 나는 우리사주조합장과 노동조합 위원장이란 두 가지 직책을 가지고 인수전에 뛰어든 셈이다.

4월 24일 매각 관련해 전체 임직원 대상으로 설명회가 있었다. 이날 설명회는 노동조합 이름으로 준비했다. 이날 발제의 핵심은 "왜 우리가 인수를 해야 하는가"였다. 발제문에서 먼저 나는 한진중공업그룹의 매각 진행 상황을 공유했다. 다음으로 한국종합기술의 재무 상태를 공유했는데, 우리는 그룹 본사와 달리 '괜찮다', '충분히 인수해도 좋다'라는 점을 데이터로 보여주었다. 그다음에는 기업의 일반적인 M&A 절차와 M&A 사례를 설명했다.

우리가 아닌 타 자본에 의해 M&A가 실행되었을 때 그 결과가 어떻게 되었는지 사례를 발제했다. 동종 업계인 삼안, 대우, 건일, 휴다임건축사무소 등 엔지니어링 기업과 동아, 극동, 동부, 쌍용 등 건설사가 워크아웃(기업의 재무구조를 개선하고, 회생시키기 위한 구조조정, 경영혁신 활동. 이를 개선하기 위한 작업) 또는 법정관리에 들어간 후 결말이 어떻게 되었는지 설명했다.

흔한 말로 타 기업이 들어오면, 그게 어떤 기업이라도 희망퇴직, 자산 정리 등으로 임직원은 물론 회사가 타격을 입을 수밖에 없었다. 나는 이 점을 강조했고, 임직원 모두가 힘을 합쳐 인수를 해야 한다고 강조한 이유였다. 마지막으로 고용보장, 투명한 인수과정의 보장, 자산 유출 방지, 기업 정체성 유지 등 노동조합의 입장과 요구사항을 공유했다.

이날 참석자는 숫자를 세워보지 않아 정확히 알 수 없었으나 300~400명으로 관심이 매우 컸다. 그러나 지하 강당은 소리가 울리고 집중이 되지 않았다. 이 점을 고려해 2층 대회의실에서 본부별로 오전과 오후로 나누어 몇 차례 설명회를 더했다. 이때 송호연 이사도 참가했다. 그는 전문가로서 M&A 절차, 한국종합기술의 재무 상태 등에 대해 보충 설명을 했다.

4월 25일 매각 관련해 노동조합의 요구사항을 정리했다. 이날 정리된 내용을 바탕으로 아시아경제 임철영 기자를 만나, 우리의 상황을 알리고, 종업원 인수에 관한 의지와 당위성을 전달했다.

4월 26일 최용준 사무국장과 함께 한진중공업홀딩스에 갔다. 이 방문의 목적은 확인 차원이 컸다. 매각 담당자를 만나 "왜 우리에게 매각 사실을 먼저 알려주지 않았나?"라고 가볍게 따졌고, 향후 매각 일정 등에 대해 물었다.

또 엔지니어링연대회의에 참여해 우리의 상황을 알리고, 연대와 지지를 요청했고, 엔지니어링데일리의 기자를 만났다. 기자와의 만남은 항상 적극적으로 임했다. 우리의 상황을 알리고, 또 종업원 인수 계획을 알려 우호적인 여론을 형성하고자 노력했다.

4월 28일 삼부토건 노동조합을 방문해 우리의 상황을 알리고, 연대와 지지를 요청했다. 돌아보면 처음에 노동조합의 이름으로 매각에 대응했고, 인수를 선언하는 설명회도 노동조합의 이름으로 시작했다. 노동조합은 매각 이슈가 시작되었던 3월부터 인수 마무리 때까지 중요한 동력이 되었다.

이런 동력은 외부에서도 마찬가지였다. 어떤 일이 성사되려면, 내부적인 힘만으로는 안 된다. 외부에는 우리의 의지와 상관없이 우리를 가로막고 있는 장벽들이 존재한다. 그것은 정치, 여론, 보통 사람들의 인식 등 다양하다. 그때마다 그것을 돌파하는데, 큰 힘이 된 것은 노동조합과 노동조합의 연대체였다.

5월 15일 기업노조 법정관리 지부회의, 5월 16일 한진그룹 노조협의회 회의, 5월 17일 건설기업노조 중앙위원회에 참석했는데, 그때마다 노동조합 위원장들과 관계자들은 항상 관심을 가져주었다.

˚차입형 ESOP를 제안하다

5월 12일 한진중공업홀딩스 전동수 상무와 통화했다. 나는 1주일 뒤인 "5월 18일에 방문하고 싶다"라고 말한 다음 "종업원 인수에 관한 자료를 전해주겠다"라고 의사를 표시했다.

전동수 상무는 M&A 전문가는 아니었다. 그러나 그는 한진중공업홀딩스의 유일한 임원으로 대주단을 비롯해 NH투자증권과의 미팅 등 매각을 주도하고 있었으며, 그의 밑에는 부장, 과장, 대리가 있었다. 후에 그는 매각 진행을 잘했다는 성과를 인정받아 대륜E&S의 대표가 되었고, 현재도 대표로 있다.

5월 18일 최용준 사무국장과 함께 한진중공업홀딩스 사무실을 방문해 전동수 상무를 만났다. 나는 전동수 상무에게 차입형 ESOP를 활용한 인수 방안을 제안하려 했다. 원래 목표는 조남호 회장을 만나, 그에게 직접 제안하는 것이었다. 그러나 조남호 회장은 우리를 만나주지 않았다. 과장하자면 그는 한진중공업그룹 내에서 신적인 사람이었다. 입사 후 나는 그를 만나본 적이 없다. 이때도 당연히 그를 만나지 못했으며, 이후로도 인수과정에서 만나본 적이 한 번도 없다. 나는 미리 3장짜리 문서를 작성해 전달했는데 내용은 크게 세 가지였다.

첫째는 왜 한국종합기술의 종업원들이 인수를 해야 하는지,
둘째는 차입형 ESOP에 따른 협조 금액 제시,
세째는 매각하는 데 있어서 '종업원 인수'의 장점이었다.

그리고 문서에서 인수에 필요한 금액은 600억이라고 밝히고, 이 금액을 조달하는 방법으로 두 가지를 제시했다.
첫째는 종업원 출연 400억, 둘째는 차입형 ESOP 200억이었다.
문건에서는 종업원 인수의 장점을 5가지로 제시했다. 그런데 문서를 작성하며, 한 가지 고민을 했다. 장점 중에 맨 마지막 문장인 '그룹 정상화 이후 우선매수권 부여'를 넣을까 말까였다. 고민의 이유는 다음과 같았다.

"우리가 한국종합기술을 인수하고, 이후 그룹이 정상화되었을 때, 그룹 본사가 우리 회사(한국종합기술)를 다시 매수할 수 있다고 쓰면 어떨까? 한진중공업홀딩스 측에서 뭐라고 할까?"

한국종합기술은 이익은 크지 않지만, 해마다 꾸준하게 이익을 남기

는 회사였다. 따라서 우리 회사가 정상화된다면 그룹 본사가 다시 매수할 수도 있겠다는 상상은 충분히 가능했다. 비즈니스란 것은 어떤 일이 벌어질지 알 수 없는 세계이다. 우리는 종업원 인수, 경제민주화 등의 개념으로 접근했지만 한진중공업홀딩스와 조남호 회장, 산업은행은 100% 비즈니스 개념으로 접근했을 것이다.

나는 오너리스크를 제거하면 회사는 건강해질 수 있다고 믿었고, 그 생각은 지금도 변함이 없다. 어렵게 인수하고 오너리스크가 제거된 회사인데, 그 회사가 다시 오너리스크에 빠질 수밖에 없다면 인수의 의미는 사라지는 것이다. 그 때문에 인수를 한다면 사실 그 회사를 다시 팔 생각은 없었다. 이것이 나의 솔직한 마음이었다.

그러나 나는 마지막 문장을 넣었다. 이 문장으로 그룹 본사가 차입형 ESOP를 수용하게 하는 동기부여가 될 수 있지 않을까? 나는 일말의 가능성을 생각하고, 문장을 넣는 것으로 정리했다. 이날 작성한 문건의 핵심은 차입형 ESOP였다.

제일 중요한 것은 공개 매각되기 전에 우선 협상을 통해 종업원 인수를 하는 것이다. 이렇게 되면 경쟁 상대도 없다. 문건에 밝힌 대로 투기자본과의 과한 경쟁으로 인한 리스크도 발생하지 않는다. 투기자본 혹은 타사와 경쟁하면 먼저 인수 비용이 올라가고, 다음으로 인수 기간이 길어진다. 인수 기간의 장기화는 영업 손실로 이어진다. 회사가 수주를 따와야 하는데, 회사의 물적, 인적자원이 인수로 모아지고, 결국 수주는 뒷전이 될 수밖에 없다. 수주가 부족하면 아무리 오너리스크가 사라

져도 회사는 또다시 존폐위기에 빠질 것이다. 실제로 인수 이후 회사를 종업원지주제에 맞게 정비하는 과정에서 영업실적의 악화는 큰 문제가 되었다.

차입형 ESOP는 선례가 없을 뿐이지, 법안은 마련되어 있었다. 미국의 경우, 차입형 ESOP가 크게 활성화 되어 있었다. 따라서 우리도 불가능한 것은 아니었다. 가능성이 낮았지만, 나는 기대를 품었다. 세상일은 알 수 없는 것이고, 일말의 가능성이 있다면 두들겨 봐야 하는 것이기 때문이다. 또 일의 순서상 가장 손쉬운 방법인 차입형 ESOP를 제안하는 것이 먼저였다. 차입형 ESOP는 매각이 정식으로 시작되면 사용할 수 없는 방법이었다. 매각의 대상이 된 기업(한국종합기술)이 보증을 서줄 수는 없기 때문이다. 따라서 이 방법은 매각 주관사 선정이 공시되기 전에 실행하고자 했다. 그래서 나는 서둘러 전동수 상무를 만났다.

"미안합니다."

전동수 상무의 첫 반응이었다. 그는 한진중공업 출신으로 그룹 전체에 대한 애정이 많았던 것으로 보였다. 그는 인수 결과에 따라 임직원들의 고용불안과 복지 조건의 후퇴가 발생한다는 점 등을 당연히 알고 있었을 테고, 그에 따라 미안함을 표시했던 것으로 보인다. 또 그는 이런 상황을 만든 것은 임원진의 잘못이라고 생각했던 것 같다. 그러나 최종책임은 조남호 회장이 져야 했다. 결국 따져보면 오너리스크였다.

이후 대화는 자연스럽게 인수에 관한 것으로 모아졌다. 나는 자료를 설명하고, 그것을 넘겨주었다. 이에 대한 전동수 상무의 반응은 물음표의 연속이었다.

"정말로 400억을 모을 수 있나요?"

나는 "예"라고 답했다. 그러자 그가 또 물었다.

"차입형 ESOP가 무엇인가요?"

종업원들이 돈을 모아 회사를 인수하는 것은 그의 상상 속에는 없었을 것으로 보인다. 또 실제로 그는 차입형 ESOP가 무엇인지 몰랐다. 그리고 직원들이 모으는 400억 외에 회사(한국종합기술)의 자산을 담보로 200억을 추가로 빌려주는 것에 대해 당연히 '말도 안 된다'라고 생각했을 것이다. 그뿐만 아니라 그의 생각에 한국종합기술이 매각 시장에 나가면 600억 이상의 금액을 받을 것으로 예상했던 것 같다. 전동수 상무의 답변 요지는 이러했다.

"우선협상권은 줄 수 없어요. 공식적으로 참가해 주십시오."

전동수 상무와의 만남은 이후에도 있었다. 미팅은 물론 회의도 있었다. 또 2017년 12월 15일 최종 계약을 체결하기 전인지, 아닌지 기억이 확실하지 않은데, 함께 밥을 먹었던 기억도 난다. 나는 계속 이런 식의 주장을 펼쳤다.

"어떤 상인이 점포를 구입하고 장사를 했습니다. 그의 노력과 종업원들의 노력으로 상권은 흔한 말로 핫 한 곳이 되었습니다. 점포가 있는 건물가격도 상승하고, 권리금도 매우 많이 받을 수 있게 되었습니다. 그런데 상인이 힘들다며, 장사를 그만두고 싶어 해요. 이럴 때 상인은 다른 사람에게 점포를 팔기 전에 함께 점포를 일구어온 종업원들에게 먼저 인수 의사가 있는지 물어 볼 수 있다고 생각합니다. 종업원들이 '인수하지 않겠다'고 말하면 그때 팔아야 합니다. 기업도 마찬가지라고 생각합니다."

우리가 '종업원의 직접 인수'를 말할 때마다 전동수 상무는 반대 의견을 제출하거나 부정적인 시각을 드러내지는 않았다. 다만 "할 수 있으면, 해 보세요"라는 입장이었다.

또 그는 자부심에 찬 말도 했다. 그는 "그룹 본사가 애먼 짓을 하지 않았다. 공기업일 때, 잘 안되었는데, 우리가 인수[3]해서 이렇게 잘 키워냈지 않았나요!" 라고 말한 다음 "팔기가 아깝다. 사실 매각대금으로 빚도 제대로 갚을 수 없는데…" 라며, 아쉬움을 토로했다.

나는 일관되게 우리사주조합의 입장을 전달했다.

"기업이 영속성을 가지려면 좋은 인수자에게 팔아야 합니다. 기업 사냥꾼, 투기자본 세력 같은 곳에 팔면 안 됩니다."

그러나 전동수 상무의 입장은 변하지 않았다. 그의 생각은 "공식적인 입찰에 참여해야 하고, 우리(한진중공업홀딩스)는 돈을 많이 주는 곳에 팔 수밖에 없다"였다. 한진중공업홀딩스는 자금 위기에 빠져있고, 한 푼이라도 현금이 중요한 상황이라 그의 입장은 충분히 이해가 되었다. 다만

---

3. 한진건설은 29일 "엔지니어링 산업 분야를 보강하기 위해 98억을 출자해 한국종합기술개발공사 주식 36만20주(88%)를 5월 6일 자로 인수키로 했다"고 증권거래소에 공시했다. 1997년 4월 29일. 매일경제.

이럴 때, 종업원 인수가 우선이 되도록 법제화가 되어 있지 않아 아쉬움이 들었다.

"그룹이 정상화되면, 한국종합기술을 다시 사 가세요."

이 말은 만남의 막판에 내가 조남호 회장에게 전해달라며, 전동수 상무에게 했던 말이다. 그러나 이 말은 곧바로 의미가 없는 것이 되었다. 전동수 상무가 말했다.

"팔았던 것을 어떻게 다시 사겠어요."

나는 이 말속에서 한진중공업홀딩스가 이미 기울었다는 판단이 들었다. 이전에 대기업의 위풍당당함으로 돌아갈 수 있을까?

예상하건대, 전동수 상무는 조남호 회장에게 "그룹이 정상화되면, 한국종합기술을 다시 사 가세요"라는 이야기를 전달하지도 않았을 것이다. 그가 중간에서 일 처리를 불성실하게 한 것이 아니라 가능성이 없는 이야기, 논의가 필요하지 않은 이야기라 생각했을 것이다.

만약 사람들이 "차입형 ESOP 제안이 원래부터 되지도 않을 일이었는데, 왜 이렇게 공을 들였나요?"라고 묻는다면, 나는 이렇게 답하고 싶다.

"공개 매각되기 전에 우선협상권을 받는 것이 가장 좋으니, 약간의 가능성뿐이라고 할지라도 시도해 본다는 의미가 있고, 또 두드려 본다는 것과 우리도 참여한나는 의지를 보여준 것에 큰 의미가 있다고 생각한다. 강한 의지는 주변에 긍정적인 영향력을 발휘하고, 인수에도 분명 긍정 요소가 될 수 있다고 생각했다."

「인수 참여의향서」 취합, 외부와 연대하기

    5월 8일부터 19일까지 매각 주관사 NH투자증권은 티저(Teaser Memorandum)를 이용해 홍보했다. 티저에는 잠재적인 인수자에게 매물 기업의 존재를 알리고, 인수 관심을 끌어내기 위해 한국종합기술의 기업 개요, 사업모델, 재무 현황, 성장전략 등의 내용이 담겼다. 이 자료는 한국종합기술이 제공한 것을 기본으로 만들어졌다.

    5월 19일 우리사주조합 이사회 회의가 있었고, 매각 주관사가 NH투자증권으로 선정되었다는 공시가 났다. 또 건설기업노조 임황석 실장의 소개로 약탈경제반대행동 대표 이대순 변호사를 만나 우리의 상황을 이야기하고, 연대와 지지를 요청했다. 약탈경제반대행동은 2015년 만들어진 단체로 투기자본을 감시하고, 시민, 노동자, 기업을 대상으로 벌어지는 금융사기 범죄를 추적, 고발하고 있다. 특히 이 단체는 사모펀드인 FI(재무적 투자자)와 SI(전략적 투자자)가 회사를 인수해 자산 매각, 임직원 해고 등으로 이익을 창출한 후 먹튀하는 경우를 추적, 고발했다.

5월 22일 「우리사주조합 가입 원서」 및 「인수 참여의향서」를 받기 시작했다. 이를 위해 다음날인 5월 23일 임직원 대상으로 설명회를 개최했다. 이날 설명회는 우리사주조합 이름으로 준비했다. 나는 매각 진행 경과 및 향후 일정, 동종업계를 중심으로 한 기업 M&A 사례, 매각과정의 주요 쟁점 및 이슈를 발제, 공유했다. 핵심은 '왜 인수에 참여해야 하는가?'라는 취지를 설명하고, 함께 출자하자고 설득하는 것이었다.

3월 말 매각이 공식화된 이후, 나의 발제는 일관된 것이었다. 나는 회의, 설명회, 기자와의 만남까지 모든 자리에서 인수 참여의 필요성과 의지를 강하게 주장했다. 이날 사례로 든 기업은 동부, 쌍용, 극동, 건영, 동아 등 건설사와 삼안, 건일, 서영, 대우 등 엔지니어링사였다. 이전에 직원 대상 설명회에서 예를 들었던 기업이기도 했다. 이날 자료에는 해당 회사를 누가 인수했는지 주체를 기술했다.

기업 M&A 사례: 한국종합기술 임직원 대상 설명회 자료

재무적 투자자(Finacial Investor)	
기업명	투자자명
동부건설	키스톤 PE
쌍용건설	두바이투자청
극동건설	론스타

전략적 투자자(Strategic Investor)	
기업명	투자자명
대우엔지니어링	포스코
삼안엔지니어링	한맥·장헌산업 컨소시엄
건일엔지니어링	천일
서영엔지니어링	개인
극동건설/남광토건	세운건설
동아건설	SM 그룹
건영	현승컨소시엄

 투자자 중에 키스톤에코프라임, 두바이투자청, 론스타는 재무적 투자자(FI)이고, 나머지는 전략적 투자자(SI)였다. FI와 SI는 투자 기간, 경영의 참여도, 향후 비전 등에서 차이가 있지만, 본질적으로 이익 회수에 민감하고, 오너리스크가 존재하는 것은 동일했다. 이 두 가지 요인 때문에 결국 고용 불안정, 회사를 파괴하는 자산 매각 등이 발생할 수밖에 없다.

 이렇게 설명하고, 마지막에 우리사주조합을 통한 인수 참여 필요성을 다시 강조했다. 특히 "직접 인수가 아니라면 우리가 선택할 수 있는 것은 없다. 결국 고용 안정은 흔들리고, 그동안 우리가 피땀으로 이룩한 한국종합기술을 남에게 넘겨줄 수밖에 없고, 그것을 속수무책으로 바라볼 수밖에 없다"라고 말한 다음 "반대로 우리가 인수에 참여한다면, 성공했을 때 고용 안정은 물론 우리가 우리의 운명을 결정할 수 있다"라는 의미를 전달하고자 노력했다.

또 당일 제출한 문건에 Plan B라는 용어를 넣었다. Plan B는 "직접 인수에 실패해 타 자본이 들어오더라도, 우리의 인수 활동 결과가 타 자본과 대등한 관계에서 협상을 가능하게 하고, 근로조건을 유지하는데 강력한 힘을 발휘할 수 있다"라는 취지였다.

5월 24일 한진중공업홀딩스 심우찬 대표이사를 면담했다. 우리는 그를 조남호 회장의 대리인으로 생각했다. 그러나 그는 매각의 실무책임자인 전동수 상무보다 영향력이 작았던 것 같았다. 나는 그에게 인수 참여 의사를 전달하고, 우리가 인수해야 하는 당위성을 계속 전달했으며, 때론 우리가 호락호락하지 않다는 점을 강조했다. 압력을 은근하게 우회적으로 전달했던 셈이다. 명분을 남기는 것이 중요하고, 가능한 모든 경로를 이용하려 했다. 또 저녁에는 엔지니어링데일리 기자를 만나, 우리의 상황을 알렸다.

또 5월 26~27 양일간 힌징 임직원 대상 설명회를 개최했다. 임직원 가운데에는 지방 공사 현장에 파견된 감리단 소속 직원들이 많았다. 날짜는 5월 26일, 장소는 대전 유성호텔이었다. 80~100여 명의 임직원이 모였다. 내용은 5월 23일 본사에서 했던 것과 동일했다.

이날 반응이 좋았다. 설명회가 끝나고, 호프집에 50명 이상이 모여 늦게까지 술자리를 가졌다. 옛날 이야기부터 회사의 현재까지 다양한 이야기를 나누었다. 술자리 후에는 돌아갈 사람은 가고, 다수는 예약한 방에서 1박을 했다. 같은 설명회를 대구에서도 개최했다. 장소는 동대구역 역사 회의실로 30여 명의 임직원이 모였다.

5월 23, 26, 27까지 3일간 설명회 후, 「우리사주조합 가입 원서」 및 「인수 참여의향서」를 제출한 임직원은 920여 명이었다. 당시 직원 숫자는 부장까지 포함한 노동조합원 600명, 상무보급 300명, 비상근, 고문, 상용직 등 200명으로 총 1,100여 명이었다. 따라서 920여 명이 참여했다는 것은 사실상 전체 직원 모두가 참여한 것에 해당한다.

어떤 집단이라도 10~20%의 반대자 혹은 동의를 안 하는 사람은 있게 마련이다. 이들은 종업원 직접 인수 방식에 동의를 안 할 수도 있고, 또 퇴직이 임박하거나 연차 부족 등으로 참여 자격이 되지 않았을 수도 있다. 그러나 우리가 설명회를 통해 방법과 절차를 알려주자 대다수 임직원은 자발적으로 참여했다. 임직원들은 강한 의지를 가지고 있었다.

5월 29일 엔지니어링노조 연대회의가 삼안엔지니어링 노동조합에서 있었다. 이 회의에 참가해 상황을 보고하고, 늘 그랬던 것처럼 지지와 연대를 요청했다.

5월 31일 삼안엔지니어링 노동자 결의대회가 본사 앞에서 있었다. 연대의 의미로 집회에 함께했다. 삼안엔지니어링은 우리보다 먼저 종업원 인수를 시도했었는데, 아쉽게도 실패했다. 그 점이 안타까웠지만, 삼안은 우리에게 교훈을 주었고, 또 기업이 매각에 들어갔을 때, 종업원 인수라는 새로운 대응 방안이 있다는 사실을 알려준 곳이기도 하다.

6월에도 바쁜 일정은 계속 이어졌다. 회의 참석과 외부 인사 만남을 준비해야 했다. 만남은 종업원 인수라는 전략적, 대의적 목표에 따라 이루어졌는데 횟수가 많은 것도 있었지만 한 번 혹은 두 번에 불과하고, 시간이 짧은 것도 있었다. 그래서 철저한 자료 준비가 필요했고, 만나는 대상이 누구인지 미리 파악하는 것은 당연했다. 특히 문건을 써야 할 때면, 시간의 부족을 느낄 때가 있었다.

그런 의미에서 송호연 이사와 최용준 사무국장은 든든한 힘이 되었다. 인수금액을 얼마로 할 것인지, 그 기준점을 어떻게 잡아야 할지 알 수 없을 때 송호연 이사는 항상 답을 제시해 주었다. 이처럼 매각과 인수과정에서 송호연 이사의 능력은 절대적이었다. 설명회 준비, 우리사주조합 가입 원서 받기 등은 시간과 성실함이 필요하다. 또 누군가를 만나야 할 때, 혼자서 만나는 것은 부담이 크다. 그때마다 최용준 사무국장과 함께했고, 긍정적인 결과를 만들어냈다.

6월 1일 매각과 관련해 노동조합의 성명서를 보도자료로 돌렸다. 또 건설경제 한형용 기자를 만났다. 6월 2일 우리사주조합 이사회 회의가 있었다.

6월 7일 송호연 이사와 미팅이 있었다. 당시 회사 차원의 지원팀이 꾸려진 것도 아니었고, 임원진 차원에서 지원이 있었던 것도 아니었기 때문에 컨설팅을 맡아주었던 송호연 이사와의 미팅은 항상 중요했다.

또 실무적인 전화 통화도 있었다. 매각 주간사인 NH투자증권 안태석 부장에게 전화해 입찰 서류로 무엇을 어떻게 준비해야 하는지 세세하게 확인했다. 또 한국중공업홀딩스 전동수 상무와도 통화했다.

6월 8일 약탈경제반대행동의 대표인 이대순 변호사를 5월 19일에 이어 다시 만났고, 다음날인 6월 9일에는 건설기업노조 임황석 실장과 함께 민홍철, 박광온, 강병원, 이정미 의원실을 방문해 보좌관들을 만났으며, 3일 뒤인 6월 12일에는 법정관리 지부 회의에 참석하고, 같은 날 약탈경제반대행동 홍성준 사무국장을 만났다. 이때 나의 머릿속은 6월 21일 국회 기자회견과 7월 21일 국회 토론회 개최를 '어떻게 하면 여론의 주목을 받으며, 성공적으로 마칠 수 있을까?'라는 생각으로 꽉 차 있었다.

6월 13일 비밀 유지 협약서를 매각 주관사 NH투자증권에 제출했다. 나는 한국종합기술 우리사주조합 조합장 자격으로 비밀 유지 확약서에 사인했다. 6월 중순부터 7월 초까지 인수 희망자 실사작업이 있었다. 입찰 참여자는 사업성을 평가해야 하고, 또 적정 인수금액을 결정해야 한다. 다른 입찰 참여자는 매수자에 불과했으나 우리는 매도자이면서 매수자이기도 했다. 매수자로서 자료의 분석은 사실상 나와 송호연 이사가 담당했다.

국회 기자회견

6월 21일 기자회견이 국회 정론관에서 있었다. 이날 기자회견은 강병원 더불어민주당 의원실, 약탈경제반대행동과 함께 공동으로 준비했다. 우리는 한국종합기술 노조 및 우리사주조합의 이름으로 참여했다. 노동조합이 발언하면 일부 보수층 지지자들은 되지도 않는 이야기를 한다며 들어보지도 않을 수 있었지만, 우리사주조합은 주식을 가지고 있는 사람들이기 때문에 '무슨 이야기를 하는지 들어나 보자'라는 여론이 생길 수 있었다.

기자회견문은 직접 썼는데, 이때 단어 선택에 신중을 기했다. 대주주 1인 지배 체제가 아니라 우리의 방식은 완전히 새로운 것이었다. 자칫하다가 우리의 주장이 반감을 사지 않을까? 걱정했다. 특히 노조가 회사를 인수한다는 식의 이미지가 형성되지는 않을지 경계했다. 이 걱정은 인수 선언 초기부터 염두에 두었다.

노동조합은 노동자의 권익을 지키고, 결국 사회를 건강하게 유지시켜 나가는 역할에도 불구하고, 누구나 알다시피 강성과 투쟁의 이미지로 각인되어 있다. 따라서 현실적으로 여론의 지원을 받으려면 이 이미지를 벗어날 필요가 있었다.

결국 공공성을 강조하기로 했다. 이것은 사실이고, 우리가 추구하는 기업 모델의 핵심적인 가치였다. 우리는 「종업원의 기업 인수, 참된 경제민주화의 첫걸음」이란 제목의 기자회견문을 발표했다.

회견문에서 우리는 "한국종합기술은 꾸준한 성장을 기록했고, 업계 수위를 지켜온 기업"이라는 점을 언급하고, "매각 원인은 회사 내부가 아니라 대주주의 재무적 어려움에 기인한다"고 지적했다.

또한 "기업 매각은 기업의 건실화가 목적이 되어야 한다"는 점을 언급하고, "채권단 등 법적 이해관계 당사자들의 이익에만 초점이 맞춰져, 기업이 약탈적 자본에 인수되는 것을 막아야 한다"라고 말했고, 나아가 "한진중공업홀딩스는 우리사주조합에 매각 협상의 우선권을 주어야 하고, 채권금융기관인 산업은행도 우리사주조합의 지분인수를 지원하라"고 요구했다.

이날 기자회견은 네 가지 큰 의의가 있었다.

첫째 미디어를 대상으로 '종업원들이 매각에 나온 한국종합기술 예비 입찰에 참여한다'는 선언을 했다는 점이다.

둘째, 매각 대상으로 나온 회사를 인수하는 데 종업원에게 우선권을 줘야 한다는 우호적인 여론을 형성하기 위해 노력했다는 점이다.

셋째, 투기자본은 얼씬거리지 마라였다. 투기자본은 임직원들의 단합된 힘을 부담스러워한다. 이에 우리는 똘똘 뭉쳐 움직이는 모습을 보여주려 했다.

넷째, 이런 발언과 선언을 임직원 혼자만 행동한 것이 아니라 국회의원과 시민단체가 함께 동참했다는 점이다. 임직원의 행동 외에 정치인과 시민단체가 가세하면 그 힘은 배가 되고도 남는다.

이날 강병원 의원은 장소 섭외 등 실무적인 도움 외에 기자회견에도 직접 참여했다. 또 약탈경제반대행동 홍성준 사무국장은 매일노동뉴스 인터뷰로 힘을 실어주었다.

기자회견은 난생처음이었다. 기자회견 하면 반짝반짝 플래시가 터지고 기자들의 질문이 쏟아지는 것으로 생각했는데, 그런 것은 아니었다. 기자들은 상주하고 있었다. 또 그들은 기사를 타이핑 하느라 바빴다. 기자들은 예상과 달리 특별한 관심을 표하지 않았다. 우리의 기자회견은 그날 잡힌 많은 것 중 하나에 불과했다.

그러나 다음날 엔지니어링데일리 등 업계 신문과 매일노동뉴스 등에 기사가 나왔다. 공중파 방송과 중앙일간지 등에 다루어진 것은 아니지만, 우리의 주장이 기사화되고 나아가 공론화의 시작이 되었다는 것만으로도 의의는 충분했다.

자금조달

 3월 말부터 다양한 일정이 연이어 있었고, 그것을 준비하고 참여하다 보니 하루하루가 너무 빠르게 지나갔다. 모든 일이 새롭고 처음 겪다 보니, 눈앞에 닥친 일을 계속 처리만 하는데도 바쁜 상황이었다. 어느 것 하나 쉽지 않았다. 그러나 돌아보면 가장 힘들었던 일 중 하나는 자금조달이었다.

 자금조달은 대의나 의지와 상관없는 것이었다. 기업 인수는 쉽게 말해 '돈으로 주식을 사 오는 것'이고, 철저하게 시장 논리에 따라 움직였다. 최종 결론은 '돈을 얼마나 조달할 수 있는가'였다.

 '종업원 인수'에 대한 동의서를 받는 것은 생각보다 어렵지 않았다. M&A 대상이 된 후 결과가 좋지 않았던 사례는 엔지니어링 업계뿐만 아니라 다른 업계에도 차고 넘쳤다. 부정적으로 끝난 M&A와 우리의 비전을 비교 설명하자 임직원들은 다수가 동의를 해주었다. 충분히 준비하고 설명하니, 결과가 나쁘지 않았던 셈이다.

그러나 자금조달은 쉽지 않았다. 내가 노력한 만큼 결과가 쉽게 나오는 것이 아니었다. 항상 눈앞에 큰 장벽이 세워져 있고 그것에 부딪히는 느낌이 들곤 했다.

우리는 임직원 개인별로 5,000만 원의 자금을 출자하게 하고, 그것을 모아 400억 원을 조성하고, 먼저 한국종합기술의 주식을 매입하려 했다. 그러나 자금조달은 개인에게 맡길 수 있는 것이 아니었다. 어떤 사람은 주택 구입 대출, 또 어떤 사람은 결혼 비용 마련 등 개개인의 여건은 각양각색이었다. 나만 해도 당시 마이너스 통장을 사용했다. 개인별로 각자 알아서 5,000만 원을 책임지고 출연하라는 것은 확실히 무리한 요구였다. 우리사주조합 차원에서 방법을 제시하지 않으면 인수는 공염불이 될 수밖에 없었다.

자금조달 기초 플랜

큰 틀에서 어떻게 할 것인가? 이전부터 매각이 시작되면 종업원지주제를 하겠다는 목표를 세웠고 인수 절차와 방법에 대한 고민이 있었지만, 그것은 개략적인 것에 불과했다. 인수자금은 얼마가 필요한지, 자금조달은 어떻게 할 것인지 등에 대한 구체적인 계획은 없었다. 따라서 이에 대한 계획을 세웠다. 차입형 ESOP를 기반으로 송호연 이사가 기본안을 작성했다. 문서의 이름은 「한국종합기술 기초 플랜」이었다. 정확히 기억나지 않는데, 기초 플랜 회의는 4월 초를 넘어갈 즈음 있었던 것 같다.

임직원 1,100여 명 모두가 참여하기는 힘들다. 따라서 800명이 참여한다고 가정하고, 1인당 참여금액을 5,000만 원으로 잡았다. 1인당 참여금액을 5,000만 원으로 계산한 것은 임직원의 평균 연봉이 약 6,000만 원인 점을 감안했다. 이 가정에 따르면 800명이 5,000만 원을 냈을 때, 임직원 출연금은 총 400억 원이다.

주식은 1주당 8,000원으로 예상했고, 우리가 인수해야 하는 주식은 7,431,680주였다. 이에 따라 총인수 금액은 약 600억으로 예상했다. 자금조달은 임직원 출연금 400억을 모으고, 나머지 200억은 우리사주조합이 매수한 주식을 담보로 금융기관으로부터 차입해 충당하기로 정했다. 또 SPC(특수목적법인) 한국종합기술홀딩스를 설립해 회사의 지배구조를 완성하기로 계획을 세웠다.

문서는 3장에 불과했고, 이후 문서 내용은 인수와 거버넌스 정착 과정에서 일정 부분 변화가 있었다. 그러나 이 문서는 인수부터 거버넌스 정착까지 기본이 되는 최초의 문서였다. 또 대한민국 역사에서 어떤 기업도 임직원이 직접 나서서 자신들의 기업을 인수한 적이 없었다. 그러나 우리는 우여곡절 끝에 이것을 성사시켰는데, 그 계획의 최초 안은 송호연 이사가 작성한 3장짜리 문서 「한국종합기술 기초 플랜」이었다.

　차입형 ESOP는 실현만 된다면 최고의 방법이었다. 기업이 매각 시장에 나오면 복수의 자본이 기업을 인수하려 한다. 이렇게 되면 경쟁을 해야 하고, 인수 가격은 올라갈 수밖에 없다. 또한 인수 기간이 길어진다. 이 시간 동안 회사의 주된 역량을 인수전에 쏟을 수밖에 없다. 이렇게 되면 영업 손실, 경영 손실은 불가피하다. 그러나 차입형 ESOP가 실현될 수 있다면, 인수 가격 상승과 경영 손실을 막을 수 있다.

　그러나 우리의 생각대로 차입형 ESOP가 될 가능성은 크지 않았다. 이는 소유주의 승인으로 한국종합기술 이사회에서 의결해야 할 사안인데, 대주주인 한진중공업홀딩스는 최고가로 팔아서 그 돈으로 빚을 갚는 것이 최우선이었지 매각 후 한국종합기술의 모습까지 신경 쓸 이유도, 여유도 없었을 것이다. 따라서 국내 사례도 없는 우리의 제안은 안중에도 없었고 논의 안건에도 올라가지 않았을 것이다. 따라서 별도의 계획은 불가피했다. 나는 차입형 ESOP와 별개로 자금조달 방법을 고민하기 시작했다.

주변의 금융전문가 만나기

　나는 바로 움직였다. 일단 내 주변 전문가들에게 도움을 요청했다. 4

월 13일, 삼도회계법인 대표와 우리프라이빗에큐티 자산운용사의 관계자를 만나 자문을 받았다. 삼도회계법인은 회계감사, 세무 서비스, 경영진단, 인수 합병 등의 전문회사이다. 당시 대표는 김동률로 그는 고향 후배였다. 김 대표에게 연락했더니, 그는 우리프라이빗에큐티 자산운용사의 양희준 상무를 소개해 주었다. 후에 그는 PE사(펀드 운용 회사. 펀드를 설정하고 투자자를 모은 다음 이익을 내고, 그 이익금을 투자자에게 분배한다.)를 차려 독립했다.

우리프라이빗에큐티는 우리금융그룹 계열의 자산운용사(펀드 운용 회사)였다. 개인적인 관계로 만들어진 모임이었으나 이것이 첫 번째 자문회의나 마찬가지였던 셈이다. 실제 참석한 두 사람은 금융전문가였고 적절한 조언을 해주었다. 나는 먼저 우리사주조합을 활용한 인수 계획을 말했다. 그러자 양희준 상무가 답했다.

"이거 PEF까지 넘어 올 것이 아니에요. 제1금융권에서 가능할 것 같아요."

양희준 상무는 뒤이어서 "PE는 이자도 높아요"라며, 재차 제1금융권에서 대출 방법을 찾아볼 것을 권했다. 또한 임직원이 인수한 주식을 담보로 대출을 하는 것이 가능하겠다고 조언했다. 자금조달이 쉽지 않으리라 생각했는데, 전문가로부터 희망적인 이야기를 듣는 순간 힘이 생겼다.

임직원의 기업 인수는 말 그대로 아이디어 차원이었다. 임직원이 공개 매각 시장에서 기업을 인수한 사례는 한 번도 없었기 때문에 누구라도 이 말을 100% 신뢰하지 못했고, 될 가능성보다는 당연히 안 될 가능성이 크다고 생각했다. 이 상황을 나도 충분히 인지하고 있었다. 그런 상황에서 금융전문가로부터 제1금융권에서 충분히 가능하다는 이야기를 듣는 순간 힘이 생기는 것은 당연했다. 그러나 이후 사정은 달랐다. 금융기관의 담당자를 만나보니, 현실은 냉정했다.

은행의 거부는 계속되다

4월 19일 신한은행 본사를 방문해 인수금융 담당자를 면담했다. 그는 부장급으로 영향력이 있는 사람이었다. 나는 요구조건을 말했다.

"200억에서 250억의 인수자금이 필요합니다."

그는 어렵지 않게 호응했다.

"가능합니다, 한번 해보죠."

그는 계속 대출 조건을 이야기했다. 누가 보아도 그 조건은 합리적이었다. 특별한 조건도 없었고, 금리도 대단히 낮았다. 얼마 후 다시 본점을 찾아갔고, 후기 미팅을 한 번 더 했다. 분위기는 좋았다. 담당 부장은 계속 긍정의 말과 신호를 보냈다. 며칠 후 연락이 왔다. 나는 벨이 울리자마자 기대감을 갖고, 전화기에 귀를 기울였다. 그러나 그의 말은 나의 기대와 달랐다.

"심사에서 거부되었습니다."

나는 이유를 물었다. 그의 말에 따르면 "은행 심사역들은 극단적인 상황을 상정하며, 거부했다"고 한다. 나는 그 상황이 궁금했다. 도대체 무엇 때문일까? 흔한 말로 누가 보아도 손해날 장사가 아니었다. 주식을 담보로 대출을 받는다는 것은 경영권을 다 들고 오는 것이고, 만약에 빚을 갚지 못하면 우리 회사를 은행이 소유할 수 있는 것이기 때문이다. 법적 조치를 취하면 주식은 모두 은행으로 몰취가 되고, 은행은 그것을 팔면 되는 것이니, 은행은 1원 한 푼 손해날 이유가 없었다. 실제로 자산운용사의 전문가와 은행의 경험 많은 기업 인수 담당 부장이 "충분히 가능하다"고 말한 것인데, 어떤 이유로 거부가 되었을까? 내가 이유를 묻자 담당 부장은 담보권 행사의 어려움을 지적하며, 다음과 같은 평가가 나왔다고 말했다.

"돈을 회수해야 하는 상황이 벌어졌을 때, 은행이 상대해야 하는 사람이 너무 많다. 만약 900여 명의 직원이 은행 앞으로 몰려와서 구호를 외치며 담보권 행사를 막게 된다면 자금 회수가 어렵다. 또 사회적으로 이슈화가 되면 어떻게 할 것인가? 자금 회수는 더 어려워질 것이다."

신한은행 외에도 하나, 국민, 우리 등 사실상 주요한 은행을 모두 찾아갔다. 한 곳을 방문하고, 그 결과가 좋지 않다고 바로 포기할 수는 없었다. 게다가 나는 확신이 있었다. 누가 인수하더라도 한국종합기술은 손실이 발생할 회사가 아니었다. 나는 이해가 되지 않았다. 그렇기에 누군가는 대출을 실행해 줄 것으로 생각했다. 계속 은행의 문을 두

드렸다.

하나은행 본점의 인수 담당 부장을 만났다. 나는 송호연 이사와 함께 갔다. 담당 부장은 일 처리가 빨랐다. 그는 우리의 이야기를 들어보고, 합리적인 조건을 제시했고, 거의 된다는 분위기였다. 그러나 여기서도 마찬가지였다. 은행 심사위원회에서 거부되었다고 한다. 당연히 나는 실망감이 생겼다. 그래도 기억에 남은 것이 하나 있었다. 하나은행 측에서 하나자산운용을 소개시켜주었다. 그러나 그곳도 마찬가지였다. 진지하게 대화를 나눠 보았지만, 답을 찾지는 못했다.

국민은행과 우리은행도 찾아갔지만, 결과는 또 마찬가지였다. 인수 담당자들은 긍정적으로 생각했지만, 은행 심사위원회에서 거부 되었다. 특히 국민은행에서는 영업 담당 직원 외에 심사역을 만났다. 먼저 여느 금융기관에서 했던 것처럼 우리의 계획을 설명하고, 대출을 요청했다. 그러나 심사역은 신중하게 임했다. 그는 대출의 가능 여부를 말하지 않았다. 그는 우리에게 질문을 했다. 인수과정이 어떻게 되는지, 인수 후 계획이 무엇인지, 어떻게 수익을 낼 것 인지 등을 자세하게 물었다. 대화는 본사 회의실 한 곳에서 2시간 동안 이어졌다.

나는 정말 열과 성을 다했다. 사실 그대로의 진정성을 보여주기 위해 노력했나. 그러나 결과는 비슷했다. 담당자는 "좋다"고 했는데, 심사에서 "안 된다"라는 평가를 받았다. 우리는 계속 시도했다. 이번에는 은행이 아니라 증권거래와 투자 등의 업무를 주로 하는 KB증권과 우리투자증권을 찾아갔다. 그러나 이곳의 반응도 은행과 동일했다.

심사역은 매우 보수적이었다. 은행 방문에서 느낀 것은 은행의 보수적인 시스템이었다. 이 시스템은 견고했다. 내가 노력한다고 해결될 수 있는 것이 아니라는 것이 느껴졌다. 거대한 벽이 눈앞에 서 있는 것 같았다.

기업 인수 목적으로 대출을 요청한 최초의 사람들

5월 10일 한국증권금융을 방문해 대출 상담을 받았다. 한국증권금융은 증권을 담보로 자금을 대출해 주거나 투자자예탁금을 맡아 운용하는 등의 일을 하는 곳으로 국내 유일의 증권금융 전담 회사이다. 이 회사는 우리사주조합 또는 조합원이 우리사주를 취득하는 데 필요한 자금을 대출하거나 우리사주를 담보로 조합원에게 필요한 가계 자금을 대출한다. 또한 우리사주 업무에 대한 상담 서비스도 제공한다.

우리는 이점을 활용해 "인수자금 대출을 받아야겠다"라고 마음먹었다. 나는 먼저 "임직원 800여 명이 개인별로 5,000만 원을 투자해 총 400억 정도의 돈을 마련할 예정인데, 회사를 인수하는데, 250억 정도가 부족하다"는 점을 이야기한 후 연이어 물었다.

"매수한 주식을 담보로 대출을 받을 수 있을까요?"

그러자 담당자는 어렵지 않게 대답했다.

"가능합니다."

그런데 얼마 후 담당자로부터 연락이 왔다. 규정에 따라 검토해보니 불가능하다는 것이었다. 나는 순간 '관계자들과 여러 차례 만났고, 완벽하게 될 것 같은 분위기 속에서 대화가 오고 갔는데…'라는 생각이 들며, 답답함이 밀려왔다.

'다시 알아봐야 하나?'

이렇게 생각하고 있던 순간, 그들은 희망적인 이야기도 했다.

"다만 원하는 금액의 50% 정도는 가능합니다."

우리는 이에 맞춰 자금조달 계획을 다시 짰다. 800여 명 중에 절반은 한국증권금융에서, 나머지 절반은 우리은행에서 주식을 담보로 대출을 받는 계획을 짰다. 이 계획은 그리 흡족한 것은 아니었지만, 일단 받아들일 수밖에 없었다. 그러나 실제 이 계획은 치명적인 문제점을 가지고 있었기 때문에 임직원들의 동의를 받기가 어려웠다.

첫째, 임직원 개인의 대출 책임이 늘어나는 구조였다. 임직원들은 1차로 서울보증보험을 활용한 개인대출 5,000만 원을 받고, 이것을 담보로 2차로 한국증권금융 또는 우리은행으로부터 각자 2,500만 원의 대출을 추가로 받아야 한다. 이렇게 되면 1인당 대출액은 개인별로 7,500만 원이 되는 것이다. 아무리 취지가 좋다고 해도 1인당 대출금이 5,000만 원을 넘어 7,500만 원이 된다는 사실은 직원들의 동의를 받기 어려웠다.

둘째, 금융기관이 달랐기 때문에 여기서도 문제가 생길 수밖에 없었다. 금리는 어떻게 맞출 수 있지만 대출 상환 방법, 연장 방법 등 구체적인 조건까지 맞추기는 어려웠다. 이런 상황에서 누구는 한국증권금융으로 가고, 또 누구는 우리은행으로 가는 것을 나눌 수 있는 기준도 명확하게 세울 수 없었다. 큰 그림에서는 가능했지만, 구체적인 실행 과정에서는 복잡성이 많았고, 그 선상에서 임직원들의 동의를 구하기 어려웠다.

한국증권금융 담당자들과 대출 상담을 받으며 한 가지 알게 된 사실이 있다. 그들의 말에 따르면, 기업 인수 목적으로 대출을 요청했던 곳은 아마 우리가 최초였던 것 같다.

직원 1인당 5,000만 원 대출, 자금조달의 첫 성과

개인별로 5,000만 원을 출자한다는 것은 쉬운 결정이 아닐 것이다. 현금 5,000만 원을 여유 있게 보유하고 있는 임직원이 얼마나 있을까? 따라서 개인별 출자금 조달을 위한 집단대출 형식의 대출방안을 마련해야 했다.

아플 때 막 떠들고 다니라는 이야기가 있다. 그러면 주위에서 다양한 정보가 들어오고, 병 치료에 도움을 받을 수 있다고 한다. 나는 종업원 인수를 이야기하며, 계속 자금조달 등에 대한 도움을 요청했다.

노조위원장들을 만나는 자리에서도 마찬가지였다. 특히 이분들은 매각, M&A에 관한 경험이 있던 터라, 언제라도 도움을 줄 수 있는 사람들이었다. 어느 날 노동조합 이야기는 물론 사적인 이야기도 하는 즐거운 자리였다. 그러나 내 머릿속은 복잡했다. 자금조달은 풀리지 않는 숙제였다. 자금조달은 항상 가슴 한편에 묵직하게 들어있는 돌덩이 같았다. 논리적으로 풀리지 않을 이유가 없었는데, 처음 실마리가 보이지 않았다.

나는 방법의 하나로 서울보증보험을 생각하고 있었고, 그 방법을 노조위원장들에게 물었다.

"서울보증보험을 활용할 방안이 있을까요?"

이때였다. GS건설 노조위원장이 말했다.

"우리는 서울보증보험을 활용하고 있어요."

순간 머릿속이 환해지는 느낌이었다. GS건설 노조위원장은 연이어 말했다.

"서울보증보험은 지역별로 대리점이 있어요. 내가 알고 있는 대리점 사장님이 있는데, 연결해줄까요?"

나는 바로 "좋습니다"라며 응답했다. 이 사실을 송호연 이사에게 말했다. 그러자 그는 "옛날에 인수금융에 관한 자문을 했을 때, 보증보험을 사용했는데, 그것이 아직도 있네"라며 호응해 주었다.

대리점 사장에게 미리 전화를 했고, 5월 31일 방이동 스타벅스에서 만났다. 그는 강남 대리점 대표였다. 나는 송호연 이사와 함께 갔고 그는 혼자 나왔다. 대화는 길게 가지 않았다. 그는 한국종합기술이 어떤 회사인지 확인했다. 특히 신용등급이 어떻게 되는지 확인하고 왔다고 했다.

그러나 우리가 사용하려는 대출은 GS 건설 노조원들의 생활안정자금과 성격이 달랐다. 나는 그에게 목적을 설명하고, 협조를 요청했다. 그는 우리 경우도 생활안정자금 대출이 가능하다고 했다. 나는 1인당 가능 금액이 궁금했다.

"얼마나 나올까요"라고 내가 물었다. 그는 직원들의 대략적인 연봉을 물었다. 내가 답을 하자, 그는 "대략 5,000만 원까지는 가능할 것 같다"라고 말했다.

나는 연이어서 금리, 이율, 수수료가 얼마인지 물었다. 그는 이렇게 말했다.

"은행과 계약을 맺으면 됩니다. 그러면 우리가 금리를 제시받을 수 있죠."

대리점 사장은 적극적이었다. 800여 명이 5,000만 원을 대출받으면 400억이었고, 이 금액은 대리점 사장님에게도 큰 계약이었다. 그러나 강남 대리점 사장은 개인적 이익을 떠나 친절하게 일이 성사될 수 있도록 해주었다. 그는 필요하면 본사를 설득하겠다고 했다.

대리점 대표는 최종적으로 1인당 5,000만 원까지 대출실행을 받아보겠다고 약속했고, 이 약속은 결국 지켜졌다.

모든 것이 해결된 것은 아니었지만, 대리점 사장의 "가능하다"는 말을 듣는 순간 나는 마음속 깊은 곳에 맺혀있던 묵직한 무엇이 쑥 내려가고, 내 어깨 위로 큰 힘이 전해지는 듯했다.

1차적으로 1인당 5,000만 원의 대출을 받자고 했는데, 꼭 그에 맞는 금액을 서울보증보험에서 받게 된 것이다. 우연의 일치인지 필연인지 지금도 알 수 없다. 어쨌든 일이 되려고 하니까 행운도 따라온 듯하다.

상일동 사옥 주변에는 하나은행, 우리은행, KB국민은행이 있었다. 우리는 3개 은행에 "생활안정자금 대출을 받을 예정입니다"라고 전달했다. 또한 이 경우 금리를 얼마로 해줄 수 있는지 알려달라고 했다. 이 중에 하나은행이 가장 낮은 금리를 제시했다. 우리는 서울보증보험, 하나은행과 3자 협약을 맺었다. 가까운 까닭에 여러번 지점장을 만났는데, 그와 지점 직원들은 항상 적극적으로 잘해주었다.

메리츠증권, 그리고 입찰 서류 제출

4월 중순쯤 자금조달 계획을 세우고, 5월까지 두 달 내내 하나, 국민 등 은행, 한국증권금융, KB투자증권, 우리투자증권 등 증권거래 투자사를 비롯해 사모펀드까지 찾아다녔으나, 서울보증보험의 보증서 발급과 그것을 담보로 하나은행에서 1인당 5,000만 원까지 대출로 대략 400억을 마련하는 것 외에는 확실하게 마련된 자금조달 계획이 없었다. 당시 문제의 핵심은 인수금액 가운데 부족분 200~250억 원을 어떻게 조달할지 확실한 방안을 마련하는 것이었다.

시간은 계속 흘러갔다. 결국 6월 21일 입찰 참여 마감일이 계속 다가오고 있었다. 나는 낙천적이라 생각한다. 또 결과가 나쁘더라도 과거는 과거로 잊어버리는 성격이다. 그러나 자금조달 건은 달랐다. 뭔가 될 듯 될 듯했고, 사람들 다수는 이구동성으로 가능할 것이라고 말했지만 확실한 결과가 나오지 않다 보니 항상 긴장 상태였다. 그러다 보니 조건이 중요한 것이 아니라 일단 인수를 성사시키고 보자는 생각이 강해졌다. 그러나 반전이 있었다. 이때 나에게 문제해결의 열쇠를 안겨준 사람이 나타났다. 그는 강기훈이란 친구였다. 그와 나는 초등학교와 중학교를 함께 다녔다. 그의 첫 직장은 푸른상호저축은행이었다. 그는 오랫동안 기획실에서 일했는데, 이 무렵 푸른파트너스자산운영의 경영지원부장으로 있었다.

나는 간혹 친구에게 전화했고, 그때마다 하소연과 신세를 한탄했다.

"야! 세상이 왜 이러냐! 은행이 얼마나 많은데 LOC(투자확약서)를 발급해준다는 곳이 어떻게 하나도 없냐?"

나는 "너무 아깝다"는 말을 반복하며, "정말 문제가 없을 텐데, 그냥 단순하게 최대 주주 지분을 담보로 대출을 해달라는 건데, 손해 볼 일도 없을 텐데…"라며 아쉬움을 토로했다. 또 "너희 회사는 LOC(투자확약서) 끊어줄 수 없냐"하며, 나의 절실함을 표현하기도 했다. 또 어떤 날은 "좋은 사람 있으면 소개시켜줘라"라고 말했다.

친구 강기훈은 나의 하소연과 한탄을 잘 들어주었지만, 투자업계에 온 지 얼마 되지 않아 일을 성사시켜 줄 만한 사람을 직접 소개시켜 주지는 못했다. 그러나 친구 강기훈은 나의 하소연을 모른척하지 않았다. 그는 동료들에게 이야기했다. 그들은 투자업계에서 잔뼈가 굵은 사람들이었다.

친구 강기훈과 동료들의 연결로 메리츠증권의 담당 상무와 통화했다. 내가 사연을 이야기하자 그는 의향이 있다며 만나자고 했다. 100% 확신은 없었지만 일말의 희망을 안고 그를 만났다. 입찰 서류를 내기 며칠 전이었다.

이날 자리에는 메리츠증권의 담당 상무 외에 케이프투자증권의 담당자 한 사람도 참석했는데, 그의 역할은 자문역이었다. 그는 오랫동안 이런 일을 했던 전문가였다. 나는 종업원지주제라는 우리의 취지를 설명했고, 연이어 투자해도 당연히 안정성을 보장받을 수 있으니, LOC(투자확약서)를 발급해줄 것을 요청했다. 이야기는 막힘없이 진행되었다.

LOC는 대출을 실행하겠다는 확실한 약속이다. LOC를 제시하고 약속된 자금을 요청하면, 이것을 발급한 금융기관 또는 기업은 자금을 지급해야 하는 법적 책임이 있었다. 메리츠증권은 이것을 약속했고 서둘러 발행했다. 지금 기억에 LOC는 입찰 서류 제출 하루 전인가 이틀 전에 받았다. 정말 드라마틱한 순간이었다. 축구 경기로 치면 후반 40분 지나서 경기가 끝나기 직전에 골을 넣은 셈이었다.

우리는 서둘러 입찰 참여서류를 작성했다. 기본 서류 외에 자금조달 방법은 2가지로 제시했다. 서울보증보험이 보증하는 개인별 대출 가능 금액 서류와 개인이 취득하게 될 주식을 담보로 한국증권금융과 우리은행에서 부족 자금을 조달하는 1안과 메리츠증권에서 발급한 LOC로 전체 인수주식을 담보로 자금을 조달하는 2안이다.

서류 제출 마감일인 6월 21일 오전 국회 정론관에서 기자회견을 개최했고, 오후에 입찰 서류를 제출했다. 기자회견 준비는 시간이 필요했다. 정상적이라면 기자회견은 더 나중에 진행했어야 했다. 그러나 우리는 한 가지 고려할 것이 있었다. 입찰 서류 제출 전에 기자회견을 해야 하는 필요성이었다. 서류 제출 후 기자회견을 한다면 의미는 크게 반감되고, 언론의 주목을 받을 가능성은 더 낮아졌을 것이다. 그래서 시간이 촉박했다. 그러나 우리는 미리부터 준비했고, 강병원 의원실, 건설기업노조, 약탈경제반대행동 등의 도움을 받아 극적으로, 마치 시간을 맞춘 것처럼 무사히 기자회견을 마쳤다.

그러나 이후 이상한 소문이 돌기도 했다. 한진그룹 창업주 조중훈 회장은 사후 그룹을 4개로 나누어 첫째 아들 대한항공, 둘째 아들 한진중공업, 셋째 아들 한진해운, 넷째 아들에게는 메리츠증권을 상속했다. 4명의 형제는 흔한 말로 2대2로 편을 갈라 싸웠는데, 둘째인 한진중공업 조남호 회장과 메리츠증권을 물려받은 넷째 조정호 회장은 같은 편으로 관계가 좋았다고 한다.

이상한 소문은 이 상황을 반영한 것 같았다. 골자는 "조남호 회장이 임직원들을 시켜 한국종합기술을 인수한 후, 나중에 다시 가져가려고 한다"였다. 전혀 근거가 없는데도 오랫동안 조중훈 회장과 그 아들들에 의해서 경영이 이루어지다 보니 발생한 웃지 못할 소문이었다. 조남호 회장이란 체제가 얼마나 오랫동안 업계에 영향을 미쳤는지 알 수 있는 대목이다. 조남호 회장은 한국종합기술의 경영에 직접 관여한 적이 없는데도 말이다.

사모펀드의 제안들

자금조달 과정에서 황당한 사람들도 만났다. 소위 기업사냥꾼으로 불리는 사람들이었다. 이들은 "인수해 볼까?"라거나 "자금을 끌어올 테니, 대표 혹은 주요 임원직 자리를 달라"며, 간을 보곤 했다. 이들은 흔한 말로 브로커 역할을 하려 했고, 그때마다 노동조합 위원장인 나를 찾아왔다. 8월 16일 우선협상권을 받은 후에 접촉했던 사람들은 부족한 자금, 더 나아가 임직원들의 출자금까지도 해결해주겠다고 했다.

그러나 그들과 대화해보니, 그들의 계획이 무엇인지 짐작이 갔다. 그들은 우리 대신 부족한 자금을 투자하고 상장회사인 우리 회사를 투자 수단으로 활용하거나, 새로운 사업을 추가해 단기간에 주가를 부양시켜 투자금과 수익을 회수하는 방식이었다. 혹은 뚜렷한 대주주가 없는 구조에서 시간이 지나 임직원들의 이탈로 자연스럽게 대주주가 될 수 있다고 생각하는 듯했다. 우리 회사는 압구정동과 상일동에 부동산으로 가치 높은 사옥을 소유하고 있다. 두 건물은 그들에게 아주 좋은 먹잇감이었다. 그들은 편법과 함께 누가 들어도 현실성 없는 제안을 하곤 했다. 그러나 우리는 이들을 만나야 했다. 이미 메리츠증권의 LOC를 받아 놓았지만, 미래는 알 수 없었기 때문이다.

우리는 '종업원 인수' 불발이라는 만약의 상황에도 대비해야 했다. 우리는 전략적 투자자(SI), 재무적 투자자(FI), 사모펀드(PEF) 등 투자운용사로부터 제안을 받았고, 만약 이들과 공동으로 인수할 경우에 대비해 계약 조건을 검토해야 했다. 그중에는 "회사가 정상화되면 주주 간 합의로 그들의 주식을 어떻게 사 올 것인가?"도 있었다.

제안서를 검토하는 일은 끊임없는 확인의 과정이었다. 또한 결단을 내려야 하는 순간이 되면 확신이 필요했고, 확신을 갖기 위해서는 또 검토하고 확인해야 했다. 토목 기술자로, 노동조합 위원장으로 살아왔던 나에게 그 일은 쉽지 않았다. 그때마다 송호연 이사의 도움이 컸다.

국내 사모펀드(PEF) 운용사 큐리어스파트너스 등 제3금융권을 찾아갔다. 또 7월에 전략적 투자자 「한국인프라디벨로퍼와 PT.Petras Indonesia」, 사모펀드로 구조조정 전문 투자회사 「이오스파트너스」와 「파크체이스원 인베스트먼트」로부터 투자 제안서를 받았다. 어떤 곳은 내가 찾아갔고, 어떤 곳은 역으로 제안을 받았다. 이들의 대답은 명쾌했다.

"인수금융, 해 줄 수 있습니다."

그러나 이들은 은행 또는 제2금융권과는 달랐다. 이들은 제1, 2금융권과 비교해 금리가 매우 높았다. 게다가 인수금융을 갚지 못하게 되면 여론 등을 신경 쓰지 않고, '강제로 집행한다'는 분위기였다. 불편하고 부담스러웠다.

이뿐만 아니라 경영권도 침해받을 수 있었다. 이사회에 사모펀드가 임명하는 이사진을 선임해야 했다. 실제 이들 중 두 곳은 이사진 5명 중에 2인은 자신들이 임명하고, 1명은 양자 협의 임명을 요구했으며, 또 한 곳은 상대적으로 숫자는 작았지만 1명은 자신들이 임명하겠다고 제안했다. 이 조건에 따르면 경영권이 우리사주조합이 아니라 사모펀드 중심으로 흘러갈 가능성이 컸다.

이렇게 되면 우리의 의사와 다르게 사모펀드의 이익 구조에 맞춰 경영할 수밖에 없고, 그 와중에 직원 감원, 복지 축소 등이 발생하지 않으리란 보장이 없었다. 이 가능성은 사실 100%에 가까웠다. 특히 경영실적이 악화되면 사모펀드의 의도에 따라 압구정동 사옥 등 회사의 알짜 자산을 팔아야 하는 상황이 올 수도 있었다. 한 곳의 사모펀드 제안서에는 다음과 같은 구절이 있었다.

◆부동산 매각/유동화, 또는 한국종합기술의 지분 일부를 매각, Refinancing 등을 통해 추후 PEF 출자금 상환.

◆펀드 청산기간인 3년 내 압구정 부동산 매각 후 매각대금과 회사의

영업이익 등을 재원으로 우리사주조합에 무상출연 또는 무이자 대출하여 이 자금으로 선 순위 PEF를 청산 시킬 수 있음.

그들의 의견에 따르면 이런 방식이 회사의 재무 건전성에 영향을 미치지 않는다고 주장했다. 그러나 그 주장은 수용할 수 없었다. 누가 보아도 압구정동 사옥은 회사의 중요한 자산이었다. 게다가 이 사옥은 회사의 역사가 깃든 상징적인 것이었다. 이런 분위기라면 사모펀드 투자자들은 분명히 이익 환수를 위해 압구정동 혹은 상일동 사옥의 매각을 진행할 가능성이 높았다. 사옥의 매각은 사실 중장기적인 경영의 관점에서 치명적인 약점이다. 사실상 빌리고 싶지 않은 돈이었다.

연대가 만드는 힘

바른 매각 촉구 결의대회

　7월 4일 바른매각 촉구 결의대회를 개최했다. 당일 본사 직원 200여 명이 참여했다. 사전에 용산경찰서에 집회 신고를 냈고, 참여 의사를 미리 파악해 버스를 대여했다. 오전 10시 상일동 사옥을 출발해 오전 11시 한진중공업 홀딩스 남영동 본사 앞, 오후 2시 산업은행 앞에서 집회를 개최했다.

　최용준 사무국장이 "종업원지주제로 회사를 지켜내자" 등의 구호를 선창하면 직원들이 힘차게 따라 했다. 우리는 집회 명칭에 바른매각 촉구라는 수식어를 붙였다. 보통 기업이 매각에 들어가면 노동조합은 반대를 한다. 그러나 우리는 매각을 반대하지 않았다. 당시 상황에서 매각을 받아들일 수밖에 없었고, 가장 최선은 우리가 인수하는 것이었다.

투기자본은 물론이고, 동종업계 기업이 인수해도 정리해고, 복지 감축, 자산 매각은 사실상 100% 정해진 순서처럼 이루어진다. 또한 오너리스크는 항상 존재한다.

따라서 가장 최선은 종업원이 인수하는 것이다. 우리는 이점을 강조하기 위해 바른매각 촉구라는 수식어를 사용했고, 궁극적으로 우리사주조합, 즉 임직원들이 인수하게 하라고 요구했다.

우리는 결의문에서 최근까지 진행된 타 기업의 매각과정이 채권단 등 이해관계당사자의 이익에만 초점이 맞춰지고, 심한 경우 기업 사냥꾼 등의 사기에 가까운 행각으로 기업의 회생이라는 원래 취지는 사라지고, 대량 해고, 기업 자산 매각 등으로 오히려 "매각 대상 기업이 더 부실화되었다"고 지적했다. 또 더 나아가 동종업계에서 기업 매각에 들어갔다가 더 악화된 결과로 삼안엔지니어링과 서영엔지니어링의 사례를 부각시켰다. 우리는 다음과 같은 조건을 요구했다.

첫째, 한진중공업홀딩스는 매각 전 과정을 투명하게 공개하고 노동조합이 동의하는 우선협상자를 선정하라.

둘째, 한진중공업홀딩스는 보유자산의 가치상승에 가장 큰 기여자인 임직원에게 그에 상응한 보상을 실시하라.

이 조건은 우리가 지켜보고 있으니, "밀실 매각하지 마라", "우리와 협의하라'라는 메시지로, 만약 우리가 제시한 대로 '바른 매각'을 진행하지 않으면, 우리도 가만히 있지 않겠다는 경고이기도 했다.

이날 집회는 노동조합의 이름으로 준비했다. 처음에 우리는 대외적인 투쟁이 필요할 때는 노동조합의 이름을 사용하기로 했는데, 그에 맞춰 진행했다. 결의문에는 한국종합기술 노동조합 외에 민주노총, 전국산업연맹, 전국건설기업노동조합이 연대의 의미로 함께 했다.

직원들은 회사업무를 병행해야 했기에 시간이 많지 않았다. 또 버스 임차료, 음향대여비, 점심 식사를 비롯해 플래카드, 모자, 우비, 깔판 등까지 집회 비용을 노동조합의 예비비로 사용했는데, 그 비용이 만만치 않았다. 이에 집회는 하루에 한 번씩이 아니라 오전과 오후로 나눠 2번 연속으로 진행했다.

노조 집행부는 집회가 필요하다는 데 의견을 모았다. 준비는 호기롭게 진행되었다. 잘 될 것이고 직원들이 잘 따라 줄 것으로 생각했지만, 마음 한편에서는 걱정이 있었다. 사람들이 얼마나 모일지, 행사는 매끄럽게 진행될 수 있을지, 나아가 직원들의 결의를 모아내고, 그 결의가 한진중공업홀딩스와 산업은행에 얼마나 영향을 줄지 신경 쓰였다.

걱정하고 나름 철저히 준비한 덕에 집회는 아무 탈 없이, 우리의 계획대로 진행되었다. 200여 명이란 임직원이 모이고 이들이 한마음으로 움직이는 모습을 보면서, 이 정도라면 '종업원 인수'라는 목표를 달성할 수도 있겠구나!'라는 생각이 들며 힘이 솟아났다.

이날 점심은 여의도 한강공원에서 먹었다. 하늘은 파랗고, 바람도 선선히 붙었다. 우리는 단체로 맞춘 조끼를 입고 있었다. 우리는 옹기종기 앉아 단체로 주문한 도시락과 아이스크림을 먹으며, 흔한 말로 이런저런 이야기를 나눴다. 이날 참석자 중에는 이미 집회에 참여해 본 직원도 있었지만, 이런 집회가 처음인 직원도 있었다. 처음인 분들은 집회 참여를 재미있어하는 듯했다. 새로운 것에 대한 호기심 같은 것이 이유인 듯했다. 하루 야유회를 나온 듯한 분위기였다.

그러나 내 머릿속은 복잡했다. 이날 집회와 우리의 생각을 어떻게 기사로 알려낼 것인지, 또 어떻게 해야 이날 집회가 한진중공업홀딩스와 산업은행에 영향을 주게 할 수 있는지 생각했다. 그러면서 한편으로 나의 마음을 다져보기도 했다.

'평화롭구나, 이 평화를 지키는 데 앞장서야지.'

국회 토론회

인수 선언 초기인 4월부터 우리는 공론화의 장을 만들고 투기자본의 인수 참여를 근본적으로 막으려는 계획을 가지고 있었다. 7월 21일 국회 토론회는 그 연장선상에서 계획되었으며 장소는 국회 정론관으로 잡았다. 토론회는 강병원 의원실, 건설기업노조, 약탈경제반대행동 주관으로 열렸다. 강병원 의원실과 두 단체는 지난 6월 21일 국회 기자회견

때와 마찬가지로 계속 우리를 지지, 지원했다. 우리는 국회 기자회견 때처럼 노동조합이 아니라 우리사주조합으로 참여했다.

준비과정에서 강병원 의원실 외에도 박광온, 이학영, 이정미 의원 등을 찾아갔다. 건설기업노조 임황석 실장은 연대사업 담당으로 을지로위원회와 친분이 있었는데, 우리는 그를 통해 국회의원 보좌관들을 만날 수 있었고, 또 국회의원실과 연결했다. 을지로위원회는 2013년 5월 남양유업 대리점 갑질 사태가 계기가 되어 민주당 의원들이 모여 만들어졌고, 비정규직, 소상공인, 불공정거래 등의 주제를 다루고 있다. 건설기업노조는 을지로위원회와 소통하고 있었다.

지난 4월 장도중 신용보증재단 상임이사의 소개로 만났던 강병원 의원과는 을지로위원회와 임황석 실장을 통해 다시 한번 연결된 셈이다.

토론명은 「한국종합기술 매각 참여사례로 본 종업원 기업 인수」였다. 사회는 강병원 의원이 맡았고, 발제자와 토론자로 약탈경제반대행동 홍성준 국장, 송호연 이사 등이 참여했다. 나도 발언을 통해 힘을 보탰다.

이날 강병원 의원은 특별한 모습을 보여주었다. 국회의원실이 직접 준비했다고 해도 일반적으로 국회의원이 사회자까지 직접 하는 경우는 거의 없다고 한다. 국회의원은 인사만 하거나, 인사 후에 잠시 앉아있다가 다른 일정 등으로 사진만 찍고 자리를 떠나는 것이 일반적이라고 한다. 그러나 강병원 의원은 토론회의 좌장으로 직접 사회를 보며, 끝까지 함께했다. 또 약탈경제반대행동의 홍성준 사무국장은 6월 21일 기자회견에 이어 다시 한번 투기자본의 약탈 대응책으로써 노동자의 기업 인수 방안을 적극적으로 지지했다. 나는 오너리스크를 지적했다.

한국종합기술 조직도에 공개되지 않은 직책이 있다. 바로 회장이다. 지난 3년간 회사를 방문한 건 단 2번, 이사회에도 단 한 차례만 참여했다. 그리고 회사 이익률의 일정 부분을 급여로 챙겨갔다. 그런데 한진중공업의 경영악화 문제를 해결하기 위해 근로자들이 일궈온 회사(한국종합기술)를 매각하려 한다. 우리가 종업원 지주회사를 설립하려는 이유다.

「기업 성장 기여 없는 오너의 수익 독식 문제」.대한경제. 2017년 7월 21일.

송호연 이사는 구조조정의 폐해를 지적했다. 그는 "국내 산업 구조조정의 가장 큰 문제는 인수자의 약탈행위가 심각하다는 점"이라고 말했다. 또 그는 "인수자 대부분이 기업의 정상화보다는 투자금 회수를 우선한다"라고 비판했다. 나아가 그는 "종업원지주제는 실업을 방지하고, 고용을 유지해 사회안전망의 건전성에 이바지하고 있다"고 강조했다.

이날 토론회에는 40여 명이 참여했다. 시민단체, 의원실 관계자, 기자들 외에 우리 회사의 노동조합원들이 참여했다. 이날 토론회는 대한경제, 매일노동뉴스, 비즈니스포스트 등 미디어에 소개되었다.

촛불혁명, 행운의 징조

    2017년 3월 10일 박근혜 대통령이 탄핵 되었다. 그리고 이해 5월 9일 문재인 후보가 19대 대통령으로 당선되었다. 민주당은 두 달 사이에 야당에서 여당이 되었다. 이 변화는 우리에게 행운이 되었다. 자유한국당이 집권하고 있었다면 민주당의 협조는 한계가 있었을 것이다.

    당시 여당은 자유한국당, 야당은 민주당이었다. 사람에 따라, 정치 성향에 따라 의견 차이가 존재한다. 어떤 사람은 자유한국당과 민주당의 차이가 무엇인지 알 수 없다고 이야기한다. 그러나 노동정책, 금융정책은 물론 '기업 경영에 노동자가 참여한다'는 이슈에 대해 두 당에는 분명히 입장의 차이가 존재한다. 나는 종업원의 기업 인수에 우호적인 것은 상대적으로 민주당이라고 생각한다.

    5월경으로 기억한다. 이학영 의원실을 방문했다. 이학영 의원은 19, 20, 21, 22대 국회의원을 지냈다. 우리가 도움을 요청했을 때, 이학영 의원은 정무위원회 소속이었다. 촛불혁명은 극적인 반전을 만들었다. 약 두 달 전까지 야당 국회의원이었던 이학영 의원은 이때는 여당 국회의원이 되었다.

    우리는 '종업원 인수'라는 계획을 이학영 의원실에 전달했다. 그리고 이에 대한 긍정의 피드백을 받았다. 당시 이학영 의원실에 고상연 보좌관이 있었다. 그는 주채권은행인 산업은행의 담당자를 의원실에서 만난 후 상황을 듣고, 종업원 인수와 관련해 힘을 실어주는 이야기를 했다.

고상연 보좌관은 나에게 이 사실을 전해주면서, "꼭 잘되기를 바란다"라는 격려의 말까지 잊지 않았다. 여당 의원실에서 산업은행 담당자에게 직접 이야기를 해준 것은 분명히 우리가 회사를 인수하는 데 힘이 되었다. 이에 정말 감사한 마음을 전하고 싶다.

그러나 그와의 대화에서 한 가지 기억에 남는 것이 있다. 그는 "꼭 잘되기를 바란다"라는 말을 하면서 "잘 되면 백의종군하세요"라는 말도 덧붙였다. 그가 왜 그런 말을 했을까? 직원들을 위해서 한다고 해놓고, 나중에 개인의 이익을 취하는 사람들을 보았기 때문일까? 그 순간 그의 생각이 무엇이었는지 알 수는 없다.

다만 내가 말할 수 있는 것은 지금도 그렇고, 당시에도 사적으로 어떤 이익을 취하려는 마음은 없었다. 우려는 충분히 이해한다. 이전에 종업원의 기업 인수를 표방했던 사람 중에 처음과 끝이 다른 사람들이 있었다. 브릿지증권의 대표였던 이상준 회장이 대표적이다.

브릿지증권 노조는 2005년 투기자본 브릿지인베스트먼트 라부안 홀딩스(BIH)를 몰아내고, 골든브릿지그룹의 이상준 대표를 회장으로 영입했다. 또 노사공동협약을 체결하여 노동자 대표 1인을 선임하고, "직원들의 민주적이고 포괄적인 경영참가를 보장"한다고 말했다. 이것이 가능했던 것은 노조가 주주로서 3.76%의 지분을 소유하고 있었기 때문이다. 이른바 우리사주제도(ESOP)가 긍정적으로 작동했다. 특히 이상준 회장은 노동운동을 했던 사람이었기에 믿음이 있었다. 그러나 그는 자본금 부당하게 빼돌리기 등으로 탐욕을 부렸고, 결국 2014년 2월 6일 실형을 선고받았다.

촛불혁명의 효과는 또 있었다. 내일신문의 한남진 기자로부터 취재 요청이 왔다. 타 미디어에 보도된 우리 회사 기사를 보았거나 우리가 뿌린 기자회견문을 보았던 것으로 보인다. 한남진 기자는 노동과 관련된 다수의 기사를 썼고, 그가 속한 내일신문은 사원주주회사를 주창하고 있었다. 이에 한남진 기자는 우리에게 많은 애정을 보여주었다. 기사도 여러 차례 내주었고, 결정적으로 (사)한국우리사주조합총연합회와 그 단체의 대표가 누구인지 알려주었다.

이 단체는 각 기업의 우리사주조합을 중심으로 구성한 회의체로 대표는 서근수 씨였다. 회의는 정기적으로 진행되었다. 나는 한국종합기술 우리사주 조합장 자격으로 이 단체에 찾아갔고 가입 권유도 받았다. 나는 이 단체가 당연히 도움이 될 것으로 생각했는데, 가입은 하지 못했다. 우리사주조합에 돈이 없었기 때문이다. 우선협상권을 받은 후 어느 날이었다. 서근수 대표로부터 연락이 왔다.

"청와대의 회의가 잡혔습니다. 같이 가시죠!"

나는 차를 타고 청와대로 갔다. 도착한 곳은 위민관이었다. 시민사회수석실 서봉만 행정관과 일자리 수석실 권창준 행정관 등 2명이 나왔다. 우리 측 참여자는 나와 서근수 대표, 그리고 타 회사의 우리사주 조합장 몇 분이었다.

회의 성격은 발제하고 토론하는 자리는 아니었다. 정확하게는 우리사주조합의 발전 방향, 이를 위한 제도개선에 관한 이야기를 민원 형식으로 전달하는 자리였고, 그중에 우리 회사 이야기도 비중 있게 들어갔다. 먼저 나는 왜 한국종합기술의 임직원들이 우리사주조합으로 회사를 인수하려는지 취지와 진행 경과, 의의 등을 설명했고, 현실적으로 자금조달의 어려움을 토로했다.

"임직원들이 400억 원 가량의 돈을 모았는데, 추가적인 자금을 모으는 것이 어렵습니다."

나는 연이어서 "우리사주조합으로는 추가 자금조달이 현실적으로 불가능하다. 제도를 개선해 주었으면 좋겠다"고 말했다. 더불어서 "국민연금 등 공적 기관이 나서서 우리사주조합이 회사를 인수할 때 도움을 주었으면 좋겠다"는 이야기도 했다.

국민연금 등 공적기금은 현재 다수 기업의 주식을 대규모로 소유하고 있다. 국민연금의 경우, 다수 기업에서 2대, 3대 주주로 있다. 따라서 "공적기금이 종업원 주주 편에서 2대 주주로 주식을 인수해 준다면, 종업원들은 적은 돈으로도 매우 쉽게 본인들의 기업을 인수할 수 있을 것"이라고 말하며 도움을 요청했다.

행정관들은 "이런 것(종업원의 기업 인수)도 하는군요"라며, 공감을 표했고, "검토해 보겠다"는 말을 덧붙였다. 이날 회의는 한 번으로 끝났다. 이날 회의가 얼마나 영향력을 미쳤는지 알 수 없다. 그러나 나는 기분이 좋았다. 어려울 때 이야기를 들어주는 것만으로도 힘이 된다고 했는데, 이 경우가 딱 그랬다. 그래서였을까? 이날 회의는 앞으로 나아가는 데 희망의 징표처럼 다가왔다.

3

노동자가 회사를 샀다

°우선협상권

중국의 어우야화두, 그리고 본입찰 적격자 선정

예비 입찰 참여사는 5개였다. 입찰 과정에 어떤 회사가 참여했는지에 대한 자료는 매각 주관사만 가지고 있었기 때문에 우리는 정확한 정보를 알 수 없었다. 다만 들리는 소문에 따르면 우리사주조합과 호반건설 외에 다른 3곳은 재무적 투자자로 FI(Financial Investor, 사업의 운영에는 참여하지 않고 수익만을 목적으로 투자자금을 조달해주는 투자자를 의미한다. 사업권의 획득을 목적으로 하지 않고 투자자금에 대한 배당과 원리금 수익을 목적으로 투자한다.)업체였다. FI업체 3곳은 한국종합기술의 발전보다는 수익 창출이 우선인 곳이라는 평가가 지배적이었다. 한국종합기술의 임직원들은 회사에 대한 자부심과 애정이 있는데, 사실상 재무적 투자자에게 이런 점을 찾는다는 것은 불가능에 가까웠다.

어유야화두는 입찰 참여사 중에 하나로 중국의 재무적 투자사(FI)이다. 과거에 어유야화두와 관계있던 분이 회사 내에 계셨다. 6월 21일 입찰 서류 제출 후, 그분을 통해 어유야화두 쪽에서 "만나자"는 연락이 왔다. 거부할 이유가 없었고, 또 제안이 무엇인지 궁금했다. 그들은 인수 컨소시엄 구성과 재무적 투자를 제안했다. 또 중국의 상하수도 엔지니어링 분야 진출을 도모하자고 말했다.

이후 몇 차례 협의가 이어졌다. 우리는 지분 공동 인수라는 역제안도 했다. 그러나 결론을 도출하지 못했다. 일단 투자금의 실체가 무엇인지 알 수 없었다. 또 이사회 참여 등 그들의 요구조건은 우리가 수용할 수 없는 것이었다.

6월 26일 우리는 한 통의 공문을 받았다. 발신은 매각 주관사인 NH투자증권이었다. 공문에는 우리사주조합이 NH투자증권의 심사를 통과했으며, 본 입찰자로 참여해 한국종합기술 지분(7,341,680주, 67.05%)을 매수할 수 있다는 내용이었다. 감흥이 없었다. 본 입찰자로 참여할 수 있다는 내용에 불과한데다, 이것은 당연히 우리에게 통보되는 것으로 생각했기에 그랬던 것 같다.

이날 노동조합 3차 임시대의원 대회가 있었다. 우리는 인수가 어떻게 진행되고 있는지, 7월 4일 바른매각촉구결의대회를 어떻게 준비하고 있는지 등을 공유하고, 되도록 많은 노조원이 참여할 것을 독려하고, 결의했다.

　7월 10일 본사 지하 강당에서 설명회를 개최하고, 다음날 「우리사주조합 출연 확약서」를 받았다. 총참여 인원은 921명으로 당시 임직원이 1,100여 명임을 감안할 때, 10명 가운데, 9명에 가까운 인원이 참여했다. 「우리사주조합 출연 확약서」의 핵심 내용은 5,000만 원 출연을 약속하는 것으로 임직원들의 1년 평균 연봉이 6,000만 원임을 감안할 때, 임직원들에게는 부담이 되는 금액이었다. 그러나 임직원들은 6월 21일 입찰 서류에 필요한 1인당 대출금액 서류를 제출한 이후 다시 한번 출자금에 대한 의지를 보여주었다.

호반건설

　7월에 본 입찰을 앞두고 호반건설 M&A 담당자를 만났다. 장소는 강남으로 호반건설 근처 일식당에서 3대3으로 만났다. 우리는 나와 송호연 이사, 최용준 사무국장까지 3명이 나갔고, 호반건설도 M&A 담당자 3명이 나왔다. 만남 제의는 우리가 먼저 했다. 못 만날 이유도 없었고, 우리가 불리할 것이 하나도 없었다. 나는 무조건 만나야 한다고 생각했다. 목표는 명확했다.

　첫 번째는 본입찰에 참여하지 마라'였고, 두 번째는 '호반건설이 인수했을 때, 우리의 대응책을 어떻게 할 것인지' 탐색하는 자리였다.

사실 호반건설과의 만남은 5월 22일에 처음 있었다. 이때는 입찰 참여서류도 내기 전이었다. 연락은 호반건설 측에서 왔는데, 공식적인 채널은 아니었다. 그는 호반건설의 M&A 담당자가 아니라 그들의 대리인 격인 사람이었다. 호반건설은 한국종합기술의 인수 참여를 진지하게 검토하였고 이에 맞춰 정보를 파악하려 했다.

호반건설은 시공회사이다. 호반건설은 1989년 전라도 광주에서 설립되었다. 2009년 시공순위 77위였던 이 회사는 급성장을 거듭해 2014년 20위 내에 진입했고, 2016년에는 13위를 기록했다. 호반건설은 금융기업 현대파이낸스가 모태라 재무구조가 안정적이고, 현금 보유량이 많았다.

호반건설 관계자는 매일경제신문 인터뷰에서 "회사 설립 후 단 한 번도 어음을 사용하지 않고 공사비를 100% 현금 결제했다"며 "부채가 적고 현금이 충분하기에 가능한 일(「시공평가 톱10 진입 호반건설-주택사업에서 매출 90%···강점이자 약점」. 김승태. 2019년 8월 19일.)"이라고 설명했다.

호반건설은 탄탄한 재무구조를 바탕으로 2011년 KBC광주방송, 2016년 울트라건설, 2019년 서울신문을 인수했다. 2021년 호반건설은 대기업 집단으로 지정되면서 방송통신위원회의 명령에 따라 지분을 매각하기도 했다. 그러나 언론 지배라는 비판 여론 속에서도 약 280억으로 전자신문을 인수했다.

당시 호반건설은 민간건축 전문 시공사의 이미지를 가지고 있었다.

시공사는 크게 아파트, 오피스텔 등 민간건축과 철도, 교량, 터널, 댐, 상수도 등 공공 토목건설 시장으로 나눈다. 일반적으로 이익은 민간 건축공사에서 크게 발생하지만, 기술력은 공공 토목건설을 높게 인식하는 경향이 있다.

바꿔 말해 호반건설은 민간 건축공사의 이미지 외에 공공 토목건설을 통한 기술력을 인정받고 싶어 했을 것이다. 이것은 호반건설이 우리 회사를 인수하려는 동기부여가 되었다고 생각한다. 우리 회사는 SOC 건설엔지니어링 업계에서 역사가 깊다. 또 공사로 출발한 회사라 공공 토목건설과 건설시장에서 호반건설이 새로운 이미지를 구축하는 데 도움이 될 수 있었을 것이다.

나 외에도 이런 분석이 주변에서 계속 이어졌다. 호반건설은 M&A 시장의 강자였다. 게다가 충분한 현금을 가지고 있었기 때문에 판매자인 한진중공업홀딩스와 산업은행 입장에서 호반건설은 최우선적인 인수 가능 고객으로 매력적인 카드였을 것이다.

누가 보아도 호반건설의 승리가 예상되었다. 특히 종업원 인수라는 개념이 생소한 분위기에서 호반건설의 인수는 더 확실해 보였을 것이다. 그들은 충분한 동기부여가 되어 있었고, 그것을 성공시킬 수 있는 충분한 자금력을 가지고 있었다. 호반건설이 우리 회사를 인수한다는 소문이 돌았을 때, 우리 회사의 주가 총액이 평균 9,000원에서 12,000~13,000원까지 올랐다. 이는 호반건설의 인수 가능성이 반영된 결과였다.

나는 당연히 이점을 인식했다. 그러나 일단 최선을 다해 보기로 마음 먹었다. '최선을 다한다'는 생각은 인수전이 시작되고 나서 시종일관 나의 다짐 같은 것이기도 했다.

만남은 뭔가 은밀하고 비밀스럽게 이루어졌다. 당연히 어떤 음모를 꾸미기 위한 것은 아니었다. 인수과정은 투명하게 공개되어야 하지만 그렇다고 모든 것을 공개할 수도 없었다. 인수과정에서 잘못 알려진 어떤 정보는 큰 오해를 낳고, 일의 성사를 막거나 일의 진행을 더디게 할 수 있기 때문이다.

공간은 나무 벽에 의해 사방이 막힌 곳으로 양측의 3명이 마주 앉아 조심스럽게 대화를 이어갔다. 음식과 함께 간단한 술도 곁들인 자리였다. 일면식도 없고, 서로 목적을 가지고 만난 터라 긴장감이 있었다. 첫 번째로 인사 후, 자연스럽게 서로에 대한 탐색으로 이어졌다. 먼저 기본적인 질문을 던져보았다.

"왜, 인수하려고 하나요?"

첫 번째 답변에서 특별한 정보를 얻어내지는 못했지만, 대화를 계속하면서 알게 된 정보도 있었다. 첫째는 호반건설의 입찰 참여 가격이었다. 그들이 생각하는 입찰가격이 '우리보다 높지 않을 것이다'라는 느낌을 받았다. 둘째는 우리가 소유한 부동산에 관한 관심이었다. 그들이 먼저 물었다.

"상일동 빌딩의 임대가 잘 될까요?"

그들은 상일동 빌딩이 잠재적으로 가치를 창출할 수 있을지 관심이 있었다. 분명히 이 건은 호반건설 회장님에게 중요 보고 상황이었던 듯하다. 상일동 빌딩은 2014년 3월에 준공한 건물로 우리 회사의 전 직원은 이 건물에서 일하고 있었다. 당시 호반건설은 대중교통을 이용한 출퇴근이 불편한 서초구 양재동에 빌딩을 짓고 있었다. 그들은 우리 회사를 인수하면 우리 회사 전 직원을 양재동 건물로 이사시키고, 상일동 사옥은 임대할 생각이었던 것으로 보인다.

만약 호반건설이 인수한다면 한국종합기술은 양재동으로 이전하고, 호반건설에 임대료를 내야 했을 것인데, 그 금액은 주위 시세보다 높을 가능성이 충분했다. 바꿔 말해 상일동 사옥에서 발생하는 임대료 수익보다 호반건설에 지불해야 할 임대료가 더 높았을 것이다. 결국 이 상황은 한국종합기술의 이익 감소로 이어져 수익구조 개선을 위한 임금 및 비용 지출 통제로 이어질 것이 뻔했다.

그러나 우리 회사의 부동산 가치는 호반건설에게 확신을 주지 못했다. 압구정동 사옥은 층수 제한에, 도로에 바로 접한 것이 아니라 뒷면에 있었다. 또한 상일동 사옥은 2014년 입주 후 임직원들이 사용하는 층을 제외하고, 나머지 4개 층은 빈공간이었다. 우리는 그곳에 임대를 놓고자 했다. 그러나 임대를 완료하는데, 꽤 시간이 걸렸다. 당시 상일동 빌딩은 하남과 붙은 서울의 끝이라 부동산 가치가 상대적으로 높지 않았다.

그러나 몇 년 후 상일동 사옥은 물론 압구정동 사옥까지 부동산 가치는 크게 올랐다. 압구정동 사옥은 도로의 뒷면이기는 했지만 압구정동이 강남의 요지였기 때문에 영향을 받을 수밖에 없었다.

사실과 다른 정보를 흘리는 것도 이루어졌다. 나는 그들의 인수 의지를 약화시키고, 쉽지 않겠지만, 입찰에 들어오려는 마음이 사라지게 하는 것까지 염두에 두었다. 이것도 확률은 높지 않았지만 충분히 시도해 볼 가치가 있었다. 후에 일어난 일이지만, 2018년 1월 30일 호반건설은 대우건설 인수의 우선협상대상자로 선정되었으나 9일이 지난 후 인수 포기를 선언하는데, 이유는 해외 건설 현장 부실에 대한 우려가 컸기 때문이다.

"평가해보면 숨어 있는 리스크들이 많습니다. 또 제도 개선할 것이 많고요."

또 나는 말의 신빙성을 높이기 위해 "이런 것이 100% 사실일 수도 있고, 아닐 수도 있지만 대체로 내부 사람의 말이 정확하죠"라는 이야기도 더했다.

이에 그들은 "그렇게 말하는 모습이 되게 좋아 보입니다"라고 말했는데, 이것이 진심이었는지, 아닌지는 정확히 알 수 없었다. 우리의 의도를 알고도 분위기를 좋게 하면서 뭔가 정보를 알아내려 한 것인지, 그 의도는 모를 일이다. 서로 탐색을 위해 왔을 텐데, 100% 순수한 마음으로 나왔다면 그것은 누가 봐도 거짓말이다. 어차피 그쪽도 우리와 마찬가지로 뭔가 전략을 가지고 왔을 것이다.

나는 또 "임직원들이 호락호락하지 않습니다"라고 말한 다음 노동조합이 오픈숍이지만 "가입률이 매우 높고 단결력도 높다"고 말했다. 또

"역사가 오래된 회사라 임직원들의 자부심과 애사심이 강하고, 직접 인수해서 경영해보려는 마음이 크죠"라고 말했다.

바꿔 말하면, "당신들이 인수해도 우리는 쉽게 당신들을 따라가지 않을 것이다. 그러니 인수를 포기하세요"라는 말을 던진 것이다.

그들은 흔쾌하게 우리 회사를 사겠다고 말하지 않았지만, 우리에게 "웬만하면 입찰에 참여하지 마세요"라며, 자신들의 의지를 표현했다. 이에 우리는 "아닙니다"라며, 입찰 참여 의사를 확실히 밝혔다. 다만 마지막에 서로 "무리하지 말자"는 이야기를 주고받았다.

호반건설 M&A 팀과의 만남은 2시간 이상 이어졌다. 이 시간 동안 우리 어깨 위에는 적지 않은 무게가 실려 있었다. 1,100여 명의 일자리와 복지 등이 그것이었다. 우리가 1,100여 명의 모든 것을 책임질 수 없고, 그렇게 생각하는 것 자체가 어불성설이다. 그러나 우리는 2시간 동안 회사를 대표하는 사람으로서 작은 정보 하나라도 얻어내고자 했다. 이것이 그 순간 우리의 임무이자 최선이었다.

우리 회사가 매각 대상까지 되었는데, 임직원들의 잘못은 얼마나 될까? 돌아보면 회사는 꾸준히 성장했고, 마이너스 성장은 없었다. 바꿔 말해 회사가 매각 대상이 된 것은 직원들의 잘못이 아니다. 그룹 전체 경영에 실패한 조남호 회장의 몫이 크다. 그의 잘못으로 회사가 매각 대상이 되었고, 그 결과 정도의 차이는 있지만, 1,100여 명의 직원이 정리해고, 명예퇴직, 복지 후퇴 등의 손해를 보아야 한다는 것은 말이 안 된다. 호반건설은 투자회사가 아니라 건설사다. 따라서 흔한 말로 이익금 회수에 혈안이 된 먹튀 자본처럼 경영할 가능성은 적다. 그러나 불합리한 일이 벌어지지 않는다고 장담할 수도 없었다.

호반건설이 서울신문을 인수한 후, 2022년 말 20여 명의 기자가 퇴사했고, 기자들의 반발은 계속 이어졌다. (「호반 인수 저지' 서울신문 조합장이 퇴사하며 남긴 말」. 미디어오늘. 2023년 5월 23일)

또한 호반건설의 평균 연봉은 우리 회사에 비해 낮았다. 장기적으로 우리 회사의 급여가 하향 평준화로 호반건설과 비슷해질 가능성도 있다고 생각했다. 이것은 가정이지만 그럴 가능성이 컸다.

만약 임직원의 10%의 범위에서 경력이 오래된 부장 이상을 대상으로 강제 퇴직을 시킨다면, 인건비는 크게 줄어들 것이다. 또 마음만 먹으면 언제든 현금화시킬 수 있는 상일동과 압구정동 사옥도 있었다. 게다가 우리 회사는 부동산을 매각한다고 해도 엔지니어링사의 특성상 영업과 수주 활동에는 전혀 지장이 없다. 그러니 임직원 구조조정과 자산 매각은 쉽게 벌어질 수 있는 일이었다. 나는 호반건설과의 만남에서 그들의 생각을 읽을 수 있었다.

재무적 투자자의 참여를 포기시킨, 단결된 힘

7월 17일 본입찰 안내서를 받았다. 발신은 매각 주관사인 NH투자증권이었다. 공문에서 NH투자증권은 8월 2일 수요일 오후 4시까지 본입찰제안서를 PDF 파일 사본으로 제출할 것을 요청했다. 본입찰제안서는 '본입찰 가격 및 본입찰 가격 산정의 주요 가정', '자금조달 계획 및 증빙' 등이었다.

서류 작성은 간단치 않았다. 본입찰제안서는 먼저 국문 외에 영문으로도 작성해야 했고, 또 입찰가격의 가치 산정 방법과 자금 조달 계획, 경영진 구성, 임직원의 고용 승계 및 보장 방안 등 제출해야 할 서류가 매우 많았다.

8월 2일, 본입찰 참여 결과가 나왔다. 예비 입찰에 참여했던 회사는 5개였으나 본입찰 참여사는 우리사주조합과 호반건설 2개였다.

재무적 투자자(FI) 3개 사는 서류를 제출하지 않았다. 이유는 무엇일까? 회사 내부의 고민도 있었겠지만 우리가 보여준 단결된 힘도 그들이 본입찰 참여를 포기하는데 중요한 요소였을 것이다. 6월 21일 기자회견, 7월 4일 한진중공업 본사와 산업은행 앞에서의 결의대회와 수 차례의 언론 보도 등이 그것이다.

재무적 투자자가 인수 후 단기간의 이익 회수 중심으로 경영하려고 했을 때, 우리는 노동조합 중심으로 그것을 막을 수 있다는 단결된 힘을 보여주었다. 분명히 재무적 투자사 3곳은 우리의 동향을 파악하고, 신문 기사를 통해 우리의 단결된 힘을 느꼈을 것이다.

결론적으로 재무적 투자자 관점에서는 좋은 인수 대상기업이 아니었다. 흔한 말로 우리 회사를 먹자니 노동조합의 대응, 임직원들의 대응이 만만치 않았을 것 같았고, 결국 계산에 계산을 해보다가 득보다 실이 많다고 판단했을 가능성이 크다.

8월 3일 한진중공업홀딩스 대표이사 앞으로 노동조합의 요구사항을 보냈다. 우선협상권 대상자 선택 권한은 한진중공업홀딩스가 가지고 있었다. 최선은 우선협상권을 받는 것이고, 그것이 안 되면 임직원들이 받을 수 있는 피해를 최소화하는 것이었다. 나는 송호연 이사와 논의 후 노동조합 명의로 '우리사주조합이 아닌 제3자로 우선협상대상자가 선정될 경우의 우리의 요구조건'을 공문으로 보냈다.

우리는 공문에서 "고용 안정, 재무적 안정, 기업 매각에 따른 위로금의 지급, 인수자의 복지제도 강화, 인수자의 경영권 매각 또는 지분 매각 시 우리사주조합에 대한 우선매수권 부여, 사명 변경 금지, 부대사업을 통한 이윤 창출 금지, 종업원 경영 참여 보장"을 요구하고, 이것을 노동조합과 인수자가 서로 서명하고 기록으로 남길 것을 제안했다.

구체적으로 인수 후 10년간 인위적 구조조정 금지, 임직원의 고용유지, 노동조합이 추천하는 사외이사 1인 선임, 상일동과 압구정동 사옥 매각시 노동조합의 사전 동의 필수, 기존 사업과 관련 없는 사업 영역에 대한 투자 및 자금 대여 등을 할 때 노동조합과 사전 합의하기 등 경영에 관한 것까지 요구사항에 포함했다.

일반적인 M&A 과정을 지켜볼 때, 우리의 요구사항이 지켜질 가능성은 몇 %나 될까? 누가 보아도 50% 이상 반영되기 힘들 것이다. 아니 반영률 0%로 하나도 관철이 안 될 수도 있다. 그러나 최소한 근거를 남기는 것이 필요했고, 나아가 우리가 하나 된 힘으로 움직인다는 모습을 보여줄 필요가 있었다. 그래야 호반건설 아닌 누가 인수하더라도 피해를 최소화하고, 권익을 지켜나갈 수 있다고 생각했다.

8월 16일, 진짜로 우선협상권을 받다

'진인사대천명(盡人事待天命).'

우선협상 대상자가 누가 될지 알 수 없는 상황이었다. 8월 3일 한진중공업홀딩스 대표이사 앞으로 노동조합의 요구사항을 보낸 후부터 우리가 할 수 있는 것은 사실상 아무것도 없었다. 우선협상 대상자가 발표될 때까지 우리는 기다리는 수밖에 없었다.

그러나 곧바로 변수가 생겼다. 그것은 우리로부터 시작된 것이 아니라 한진중공업홀딩스의 고민으로부터 시작된 것이었다. 8월 4일 한진중공업홀딩스는 공문 하나를 보내왔다. 형식은 본입찰에 참여할 것인지 여부를 확인하는 것이었는데, 내용에는 두 가지 중요한 사안이 담겨 있었다. 그것을 수용할 경우, 향후 계약서 변경은 불가피했다.

첫째, 솔모로컨트리클럽 회원권 32개 유지였다. 솔모로 컨트리클럽은 한진중공업홀딩스그룹에 속해있었고, 한국종합기술은 솔모로 회원권 32장을 가지고 있었다. 한진중공업홀딩스는 이것을 유지해 달라고 요청했다. 매각 후 인수자가 마음만 먹으면 언제든 솔모로 회원권 반환을 요구할 수 있었다. 그렇게 되면 솔모로는 그 돈을 지급해야 했다.

둘째 한진중공업이 수주한 부산 도시철도공사 사상-하단선 3공구 건설공사의 보증, 유지였다. 한진중공업업은 2016년 6월 15일 이 공사계약을 체결했다. 보증 금액은 164억 7,896만 1,300원이었다. 이 공사는 경전철로 서부산 지역을 남북으로 연결하는 것으로 규모가 대단히 컸다. 그런데 한진중공업은 자율 협약 기간이라 정상적인 방법으로 보증을 받을 수 없었다. 대신 그들은 우리 회사에 보증을 서게 했다.

한진중공업홀딩스는 고민 끝에 호반건설과 우리사주조합 양측에 두 가지 요구사항을 받아줄 수 있는지를 확인하고자 했다. 그들의 고민을 인수자가 받아만 준다면 가장 쉽게 해결할 수 있었다.

이상인 본부장이 이 내용을 나에게 알려왔다. 그는 이 정도 제안이라면 받아들이는 것이 좋겠다고 말했다. 나도 그렇게 생각했지만, 결정은 신중해야 했다. 나는 이 제안을 송호연 이사와 논의했는데, 그도 제안을 수용하는 것이 좋겠다고 말했다. 우리는 솔모로컨트리클럽 회원권 32개와 부산 도시철도공사 사상-하단선 3공구 건설공사에 대한 보증을 유지한다는 답변을 보냈다. 그러나 호반건설은 두 가지 제안을 수용하지 않았던 것으로 보인다.

M&A가 끝난 후 종종 매도자와 매수자 간에 소송이 벌어지곤 했다. 매수자는 매도자가 알려주지 않았던 부실이 발견되었다고 주장하고, 매도자는 경영적으로 그것은 자신들의 책임이 아니라고 주장한다. 한진중공업홀딩스는 이 점도 고려했을 것으로 보인다.

우리사주조합은 매도자이자 매수자라 회사의 경영상태가 어떤 것인지 정확히 알고 있었기에 이런 소송을 제기할 가능성이 매우 낮거나 할 수 없다고 생각했을 것으로 보인다. 또 솔모로컨트리클럽 회원권 32개와 부산 도시철도공사 사상-하단선 3공구 건설공사의 보증, 유지를 해준다는 우리 측의 답변을 듣고 더욱 이런 확신을 가졌을 것이다.

우리는 한진중공업홀딩스의 두 가지 요청에 대해 거부감 없이 수용했고, 그 내용을 계약서에 추가하기로 했다. 요구사항은 우리에게 큰 짐은 아니었지만, 어쨌든 짐이었다. 그러나 이 요구사항의 수용은 우리가 우선협상자가 되는데, 보탬이 되었다.

매각 소식을 알게 된 3월 말부터 본입찰에 참여한 8월 초까지 정신없이 달려왔다. 그러다 보니 가족과의 시간을 갖지 못했다. 나는 8월 12일부터 16일까지 오키나와로 가족여행을 떠났다. 그러나 여행의 재미는 느낄 수 없었다. 여유 있게 움직이며, 이국적인 풍경과 평소 먹어보지 못한 오키나와 음식을 즐겨야 하는데, 우선협상권이 누구에게 주어질 것인지를 생각만 하면 그런 즐거움이 사라지곤 했다.

8월 16일 귀국 날, 오후 비행기에서 내린 후, 게이트를 빠져나오자마자 핸드폰을 켰다. 그런데 부재중 기록이 있었다. 전화를 건 사람은 이상인 본부장이었다. 나는 곧바로 전화를 걸었다. 이상인 본부장이 말했다.

"우선협상권을 받았습니다."

그 순간 나는 큰 희열을 느꼈다. 기쁨과 즐거움이 머리끝부터 발끝까지 몸 전체로 퍼져나가는 것 같았고, 그 기분은 말로 표현할 수 없었다.

'우와~, 정말 이게 됐구나! 이제 끝났구나!'

우선협상 대상자가 되었다는 소식을 들은 순간 희열과 함께 내 머릿속에 다음과 같은 생각이 떠올랐다.

'정해진 절차에 따라 비용을 지불하고, 주식 매매계약서에 서명만 하면 모든 일은 끝나겠구나.'

그러나 이 생각은 단순했고, 돌아보면 앞으로의 일을 전혀 예측하지 못한 것이었다. 사실 이때부터가 새로운 시작이었다. 그 이슈는 전혀 예상하지 못한 것이었고, 어떤 때는 우선협상권을 받는 과정보다 더 큰 난관으로 다가왔다. 그때마다 어떤 결론을 내리고, 1,100여 명의 직원이 함께할 수 있는 최선의 방안이 무엇인지 답을 찾아야 했다.

만약 우선협상권을 못 받았으면, 어떻게 했을까? 나는 바로 '이 사안을 어떻게 뒤집을까?' 아니면 '어떻게 협상을 할까?'라는 두 가지 방안 중에 하나를 고민했을 것이다. 협상을 최우선 방안으로 결정했다면, 최대 주주로부터 회사와 임직원의 고용·유지와 복지를 지켜낼 수 있는 방법을 고민했을 것이다.

° 흔들리는 마음

'설렘 반, 부담 반'

우선협상권을 받은 나의 심정이었다. 상장회사 최초로 종업원 지주회사가 될 수 있다는 점은 분명 설렘이었지만, 최종적으로 인수를 성공시켜야 한다는 점은 부담이었다.

축하와 환영, 그리고 관심 표명이 이어졌다. 기자회견과 토론회를 함께 준비했던 강병원 의원은 환영의 입장을 밝혔다. 그는 "한국종합기술 우리사주조합이 향후 절차를 마무리해 회사를 인수한다면, 이번 사례는 경제 민주화의 새로운 모델이 될 것이고 새로운 경제 패러다임을 제시하는 계기가 될 것(「한국 종합기술 우리사주조합 국내 상장사 임직원이 주인되는 첫 사례」나눔일보. 2017년 8월 18일)"이라고 말했다.

중앙일간지에 크게 소개된 것도 아니고, 어떤 기사는 「한국종합기술,

매각 우선협상대상자 선정 소식에 약세」처럼 종업원지주제의 의의보다 주가와 연동된 내용으로 기사를 싣는 곳도 있었다. 그러나 다수의 업계 신문과 노동 관련 미디어는 종업원지주제의 의의와 기업의 새로운 패러다임이란 내용으로 기사를 다루었다.

「경제민주화의 새로운 모델로 환영 입장. 노동자 구조조정 대상 아닌 기업 성장의 주체 '주인'」(환경데일리. 2017년 8월 18일.)

「한진중공업, 우리사주에 한국종합기술 넘겨. 지분 67% 700억 원에 매각, 상장사 첫 종업원 지주회사 탄생」(한국경제. 2017년 8월 16일.)

「엔지니어가 주인인 상장 설계사 '한국종합기술'. 우선협상대상자로 우리사주조합 선정」(프라임경제. 2017년 8월 17일.)

우선협상자가 되고, 우리의 소식이 좀 더 알려진 후인 9월, 10월에는 참여와 혁신, 매일노동뉴스 등 진보적인 미디어와 인터뷰를 했다. 나는 3월 말 매각 사실을 인지한 후부터 어떻게 일정이 흘러왔는지, 중간중간 고민은 무엇이었는지 말했고, 종업원지주제를 할 수밖에 없었던 이유, 아니 당위성을 설명했다. 또한 종업원지주제는 매각 후 구조조정, 임금 삭감의 불안에서 벗어나고, 오너리스크를 없애 투명 경영이 가능하다는 점을 강조했다.

「한국종합기술, 매각 우선협상 대상자 선정. "가능할까?" 물음표를 느낌표로 바꾼 우리사주조합」(참여와 혁신. 2017년 9월 7일.)

「한국종합기술 종업원 지주회사 본보기로 만들겠다」(매일 노동뉴스. 2017년 10월 16일.)

중앙일간지와 공중파 방송이 다루어 준 것은 아니지만, 업계와 미래를 고민하는 대안 미디어에서는 관심이 컸다. 인터뷰와 기사는 그 자체로 나에게 큰 힘이 되었다.

직원 대상 설명회

우선협상권을 받은 후, 빠르게 직원 대상 설명회를 준비했다. 첫 설명회는 8월 18일에 있었는데, 우선협상권을 받고 난 후 이틀이 지난 때였다. 이때부터 21~23일까지, 3일간 연이어 지하 강당에서 설명회를 개최했다. 모두가 한 번에 모이지 않고, 세 차례 따로따로 모였던 것은 일상적인 업무 수행도 중요했기 때문이다.

설명회는 우리사주조합의 이름으로 준비했다. 우선협상권을 받은 상태라 성공한다는 확신은 처음보다 더 강해진 상태였다. 아니 상식적으로 실패할 수가 없는 게임이었다. 전체적으로 임직원들의 관심과 열기가 올라갔다. 특히 우리사주조합 대의원들의 관심과 열기는 이전과 달랐다. 그것이 확실히 느껴질 정도였다. 우선협상권을 받기 전에는 대의원 회의를 제대로 꾸릴 수가 없었다. 그러나 우선협상권을 받은 후에는 회의 때마다 참석률이 높아졌고, 질문도 많아졌다. 그러나 전체적으로 임직원들의 감정은 다양했다.

마이크를 잡고 우선협상권을 받았다고 했을 때, "와우~!" 하며, 환호하는 임직원도 있었지만, 반대로 덤덤하거나 "그래도 될까?"라며 아직도 부정적인 감정을 떨쳐버리지 못한 임직원도 있었다. 게다가 또 어떤 임직원은 "원래 협상용 아니었어"라며, 우선협상권을 받은 것에 대해 의아하다는 표정을 짓기도 했다. 정확한 비율은 알 수 없다. 아마도 '된다'보다는 '안 될 것이다'는 임직원이 더 많았던 것으로 느껴졌다.

우선협상권을 받았다는 보고 후 자연스럽게 인수 계획과 자금 조달 계획을 말했다. 기본 방안은 "개인별로 5,000만 원을 출자하고, 이것을 담보로 추가 대출을 받는 것"으로 우선협상권을 받기 전에 말했던 것과 같았다. 그러나 나의 말에는 미세하지만 강하게 한 가지 차이가 있었는데, 그것은 계획과 실행의 차이였다.

"이제 돈을 내야 합니다."

이것은 누가 보아도 중요했다. 우선협상권을 받기 전까지 "돈을 내야 합니다"라는 말은 '말 그대로 말'에 그쳤다. 하지만 우선협상권을 받은 후, "돈을 내야 합니다"라고 말했을 때, 그것이 임직원들에게 전달되는 느낌은 이전과 달랐던 것 같다. 어떤 임직원은 "드디어 돈을 내는구나?" 라며 담담하거나 희망으로 받아들였다면, 또 어떤 임직원의 마음속에서는 순간 동요가 있었던 것으로 보인다. 이런 동요는 이후 어렵진 않았지만 품이 들어가는 난관을 만들어냈다.

돌아보면 우선협상대상자 선정을 위한 입찰 서류를 제출할 때까지 회사 내에 인수에 대한 공감대는 물론 특히 자금조달에 대한 공감대가 완전하게 공론화되어 있지 않았다.

우선협상자로 선정되고 5일 후인 8월 21일 오후, 대출업무가 시작되었다. 한진중공업홀딩스와 약속한 주식매매계약 체결일은 9월 7일이었고, 매매 대금은 665억 원이었다. 주식매매계약서 체결 당일 바로 매매 대금의 10%에 해당하는 67억을 은행 계좌로 송금해야 한다. 그래야 계약이 성립된다.

8월 21일 대출업무는 계약금 67억을 모으기 위한 것이었다. 67억을 모으려면 134명이 대출을 받아야 한다. 인수 참여 희망 의사를 밝힌 임직원은 921명이었다. 이 가운데, 누가 먼저 대출을 실행할 것인가? 방안에 대해 몇 마디 말이 오고 갔는데, 논란이 되지는 않았다. 본부별로 소속 임직원 숫자를 고려해 최초 대출자를 몇 명으로 할 것인지 할낭했고, 해당 본부에서는 선배들이 솔선수범해 연장자 순서로 대출 우선 대상자를 정했다. 나는 연장자는 아니었지만, 우리사주 조합장으로서 당연히 대출 우선 대상자가 되었다.

임직원이 대출을 요청하면 서울보증보험이 보증서를 발급하고, 그것을 담보로 하나은행이 임직원들에게 5,000만 원을 신용 대출해 주었다. 임직원들은 그 돈을 최종적으로 우리사주조합 통장으로 송금했다. 이렇게 해서 67억의 돈을 모았다. 우리는 9월 6일 계약금 잔고증명서를 한진중공업홀딩스와 매각 주관사인 NH투자증권에 보냈다. 임직원들의 무난한 참여로 돈을 모으는데 어려움은 없었다.

하루 반 만에 모아진 「출연 확약서 및 동의서」 807장

8월 29일 한진중공업홀딩스 측에 주식매매계약 체결일 연기를 요청했다. 원래 계약 체결일에 맞추기 위해 8월 21일부터 서울보증보험과 하나은행을 통해 개인별 대출을 시작했는데, 그 과정에서 한 가지 불안 요인이 생겨났다.

일부 임직원들의 동요였다. 그것에는 근거가 있었다. 첫째, 임직원 중에 적지 않은 숫자는 우선협상권을 받기 전까지 돈을 낸다는 것을 진중하게 생각하지 않았던 것 같다. 충분히 이해가 된다. 돈을 모아 자신들이 근무하던 기업을 인수한다는 것이 현실 속에서 이루어진 적이 없고, 그러다 보니 그것은 하나의 상상 속에서만 가능한 것으로 생각했을 것이다. 그런데 막상 우선협상권을 받게 되고, 그것이 가능할 수도 있다는 조건이 마련되고, 나아가 돈을 내야 하는 상황이 되었기 때문이다.

특히 개인별로 5,000만 원을 출자해 주식을 매입하고, 이렇게 매입된 주식을 담보로 또 추가 대출 2,500만 원을 받아 온다는 계획안은 1인당 총대출액이 5,000만 원이 아니라 7,500만 원으로 늘어난다는 이야기로 와전되었다. 1년 연봉이 평균 6,000만 원인 임직원들의 입장에서 대출금이 5,000만 원이 아니라 7,500만 원이 된다는 것은 차원이 다른 고민이었다.

이 외에도 임직원들을 불안하게 만드는 소문이 또 하나 있었다. 계약금 67억에 관한 것이었다. 만약 잔금을 지급하지 못하고 계약이 무산되면, 67억의 돈은 어떻게 될 것인가? 일반적으로 개인 간의 거래에서 계약금을 지불하고, 잔금을 지급하지 못한 경우, 계약금은 돌려받지 못한다. 적지 않은 임직원들은 이런 이유로 동요하기 시작했다.

그러나 나는 이런 동요에서 벗어나고자 했다. 충분히 있을 수 있는 일이라 생각했지만, 한편으로 큰 난관이 될 것으로 생각하지 않았다. 일이 성사되려면 작은 것도 주의 깊게 살펴야 하지만, 당시에는 추진력이 더 중요해 보였다. 계속 밀고 나가면 결국 결과가 좋을 것으로 생각했다.

그러나 계속 밀고 나가는 것에 대해 반대 의견을 가진 사람들이 있었다. 그중 한 명이 이상인 경영지원본부장이었다. 그는 회사의 대표는 아니었으나 실질적인 대표와 다름없는 역할을 해왔다. 그의 반대와 염려는 오랜 경험에서 우러난 것으로 보였다. 그는 반복해서 말했다.

"임직원들의 의사를 다시 확인하는 것이 좋겠다."

어떤 흐름이 나타났을 때, 그것이 크든 작든 상관없이 그것을 주의 깊게 살펴야 한다. 그렇지 않으면 그것의 영향으로 일의 성사에 부정적인 영향이 나타날 수 있다. 항상 받아 안으려는 노력이 중요하다. 그러나 나는 종업원의 기업 인수라는 대의를 생각하다 보니, 순간 이런 흐름을 주의 깊게 읽지 못했다. 돌아보면 이상인 경영지원본부장의 판단은 적절했다.

임직원들의 의사를 다시 확인하려면 시간이 필요했다. 이에 8월 29일 주식매매계약 체결일을 연기하자는 요청을 담은 공문을 한진중공업홀딩스에 보냈고, 한진중공업홀딩스는 주식매매계약 체결 날짜를 9월 8일로 변경하자는 답변 공문을 보내왔다.

9월 1일 우리사주조합의 이름으로 「출연 확약서 및 동의서」 제출 요청을 공지했고, 9월 4일 지하 강당에서 전 임직원을 대상으로 설명회를 가졌다. 나는 취지와 「출연 확약서 및 동의서」의 내용을 설명했다.

문구는 우선협상권을 받기 전인 7월 11일에 받았던 「우리사주조합 출연 확약서」와 비교해 보강된 것이었다. 「우리사주조합 출연 확약서」는 사실 "우리사주조합에 일금 5,000만 원을 한도로 출연할 것을 확약한다"는 내용이 전부다. 그러나 「출연 확약서 및 동의서」에는 더 많은 내용이 담겼다.

일단 항목이 7개로, 내용이 양적으로 늘어났다. 항목 2번과 3번에서 임직원들을 불안하게 했던 내용을 다시 한번 확인하고 동의서를 받았다. 항목 2번에서는 "개인 출연금 외에 부족한 매매대금은 추가 대출할 것이고, 이것을 자료 및 설명회 등을 통해 정확하게 인지했다"는 사실을 넣었고, 3번에서는 "계약금 67억이 몰취 될 경우, 「출연 확약서 및 동의서」를 제출한 모든 임직원이 부담을 나눌 것"을 약속했다.

추가된 항목에 따르면 임직원들의 심적 부담은 늘어날 수밖에 없었다. 따라서 확약과 동의 내용의 강력함 때문에 다수 이탈자가 발생할 수도 있었다. 최소 800명의 동의가 필요했다. 1인당 5,000만 원을 출연한다고 했을 때, 800명이 동의하면 400억이 모아질 테고, 그 돈을 기반으로 추가 대출 200~250억을 받으면 매수에 필요한 자금 600~650억이 마련될 수 있었기 때문이다.

물론 동의서 제출자가 800명이 안 되고, 조금 모자라더라도 추진할 의사는 있었다. 왜냐하면 추가로 대출이 가능했기 때문이다. 그러나 800명에서 크게 모자란 숫자라면 인수 추진은 멈출 수밖에 없었다. 나는 담담하게 말했다.

"「출연 확약서 및 동의서」가 800장 이상 모이지 않으면 인수 추진을 멈출 수밖에 없습니다."

바꿔 말해 내 말에는 「출연 확약서 및 동의서」가 800명에서 크게 모자라면, 우선협상 대상자 지위를 반납할 수밖에 없다는 현실적인 판단도 들어있었다. 나는 「출연 확약서 및 동의서」의 제출 마감일과 시간을 말했다. 마감 날짜는 설명회 다음날인 9월 5일, 시간은 저녁까지였다.

주어진 시간은 하루 반에 불과했다. 짧은 시간인데 가능할까?

일반적인 업무 처리 방식과 달랐다. 임직원들은 하루 반 만에 자신의 운명을 결정해야 했다. 물론 매각과 인수 이야기가 나온 후 5개월 이상 시간이 흘렀고, 그동안 임직원들은 여러 가지 정보를 들었고, 그에 따라 여러 가지 생각을 해보았을 것이다. 그런데도 「출연 확약서 및 동의서」의 마감 시간은 짧았다. 그리고 이 건과 관련된 설명회는 단 1회뿐이었다.

어떻게 될까? 분명히 임직원들이 지혜로운 판단으로 좋은 결정을 할 것으로 생각했지만, 한편으로 마음속에서 걱정이 스며 나왔다. 세상일이란 알 수 없다. 특히 종업원 인수라는 누구도 가보지 않은 길을 가는 것이기에 예상치 못한 변수는 얼마든지 나타날 수도 있는데, 그것이 이날이 될 수도 있었다.

「출연 확약서 및 동의서」는 본부별로 모아 총무부 국태성 차장에게 전달하기로 했다. 임직원들은 걱정과 달리 빠르게 움직였다. 그들은 망설이지 않았다. 그들은 지방 현장 근무로 참석 못한 동료들에게 직접 연락을 취하기도 했다. 다음 날 저녁, 7월 11일에 받았던 「우리사주조합 출연 확약서」 921장보다 큰 폭으로 줄었지만 「출연 확약서 및 동의서」는 마지노선이라 생각한 800장을 초과한 807장으로 집계되었다.

「출연 확약서 및 동의서」 807장은 의미가 컸다. 임직원의 강력한 의지를 확인함과 동시에, 불안감을 조성하는 등 뒷말하는 사람들이 없어지는 계기가 되었다.

나는 큰 힘을 받았다. 807장의 서류를 보니, '이제는 앞으로만 가면 되겠구나'라는 자신감이 생겼다. 회사 전체로도 할 수 있다는 희망을 본 결과였다.

계약금 조정 요구와 계약일 변경

9월 5일 주식매매계약서 협의 및 법무법인 검토를 했다. 다음날인 9월 6일 '우리사주조합 본부(부서)별 대의원 선출 및 확정 요청'이 있었다. 의사결정을 위한 대의원 및 실무를 진행할 사람이 필요했다. 같은 날 매도자인 한진중공업홀딩스로부터 계약일을 연기하자는 '계약 일정 연기 통보'가 있었다. 한진중공업홀딩스가 왜 계약 일정의 연기를 요청했는지 그 이유는 알 수 없다.

9월 11일 한진중공업홀딩스 대표이사와 매각 주간사인 NH증권 대표이사 앞으로 「한국종합기술 대주주 지분 매각 계약 관련 특별 검토 요청」 공문을 길게 써서 보냈다. 우리는 공문으로 주식 매매대금을 665억에서 600억으로 조정해 달라고 요청했다.

우리 입장에서는 한 푼이라도 인수대금을 아껴야 했다. 또한 매매계약을 체결하는 과정에서 인수대금 조정 협상은 일반적인 관례였다. 우리는 그 점에 맞춰 추가 협상에 임했다.

9월 12일 '우리사주조합 본부(부서)별 대의원 확정 공고'를 냈고, 매도자인 한진중공업홀딩스에게 '조속한 계약 일정 확정을 요구하는 공문'을 발송했다. 최종 계약일은 협의 끝에 9월 29일로 정했다. 9월 14일, 주식매매계약서 수정안을 매각 주관사인 NH투자증권에 보냈다.

° 인수 TF

9월 4일 「출연 확약서 및 동의서」를 받은 후, 자연스럽게 중요한 사안이 생겨났다. 그것은 인수 TF팀 구성이었다. 이전 소유자인 조남호 회장은 본인의 경영 철학과 기준에 따라 회사를 경영해 왔다. 예를 들어 한국종합기술의 대표는 조남호 회장이 직접 선임했다. 그러나 우리는 새로운 방식이 필요했다. 인수가 완료되면 회사의 소유권은 우리사주조합으로 이전해야 했다. 우리사주조합은 800여 명의 주주로 구성된 집단이었다.

이에 맞춰 바꾸어야 할 것이 많았다. 대표 선출 방식, 회사 정관 제정 등이 그것이었다. 누가 보아도 이 작업은 쉬운 것이 아니었다. 게다가 이 작업은 최종 주식매매일인 12월 15일까지 마쳐야 했다. 인수가 끝났는데, 새로운 정관이 없다면 회사는 어떻게 될까? 혼란에 빠질 수밖에 없다. 이것이 계기가 되어 큰 타격이 오거나 심하면 문을 닫을 수도 있는 일이었다. 이런 일을 방지하려면 별도의 TF팀이 꾸려지고, 이들의 주도로 한국종합기술의 거버넌스(지배구조)를 만들어야 했다.

의견 차이가 나타나다

9월 14일 오전 10시 '우리사주조합 1차 임시대의원회의'가 있었다. 장소는 상일동 사옥 2층 교육장이었다. 우리사주 조합장인 나는 이날 회의 주재자였다. 회의에는 대의원 외에 본부장급 경영진까지 참여했다. 계약 사항에 대한 진행 일정 공유, 인수 자문 컨설팅의 범위와 대상업체 선정 등을 안건으로 상정했다. 또 인수 후 회사를 어떻게 운영할 것인지 약관, 규정 등을 정해야 했다. 이에 TF팀 구성에 관한 첫 이야기가 나왔고 구성 방법에 대한 의견은 부서별로 취합하기로 했다.

9월 18일 인수자문사 선정 관련 회의가 있었다. TF팀은 회사의 경영 전반을 진단하고, 인수 방안부터 SPC(특수목적법인) 설립 및 운영방안 등을 설계해야 했다. 그러나 TF팀의 구성원들은 뛰어난 기술자였지만 경영전문가는 아니었다. 따라서 인수자문사는 꼭 필요했다. 특히 우리가 가려는 길은 기존의 경영방식과 달랐기 때문에 그 필요성은 더 크게 다가왔다.

9월 25일 또 인수자문사 선정 관련 회의가 있었다. 업체 선정은 송호연 이사의 도움을 받아 경영지원본부장과 내가 결정했다. 우리는 4개 컨설팅사의 제안서를 살펴보고 1차적으로 딜로이트 안진회계법인을 컨설팅사로 선정했다. 딜로이트의 역할은 두 가지로 기업 실사와 지배구조 컨설팅이었다.

9월 26일 '우리사주조합 2차 임시대의원회의'가 있었다. 장소는 2층 대회의실이었다. 이날 '인수 TF를 어떻게 구성할 것인가'와 관련해 본부별로 취합한 의견이 다양하게 제출되었다. 나는 순탄하게 의사결정을 하고 있었다. 그러나 회의가 끝날 때쯤 전혀 예상하지 못한 상황이 발생했다. 그것은 모 전무님의 질문으로부터 시작되었다.

"TF팀을 어떻게 꾸릴 건가요?"

이날 경영지원본부는 TF팀 구성 방안을 내지 않은 데다가 실질적인 의사 결정권을 경영지원본부장이 가지고 있었기 때문에 그 질문은 당연히 나올 수밖에 없었다. 이에 경영지원본부장이 "8인의 본부장들과 김영수 위원장, 우리사주조합 대의원 한두 명으로 하는 것이 어떨까요"라고 답했는데, 이 순간부터 거친 말과 고성이 오갔다.

대의원들은 "우리사주조합이 중심이 되어 인수 TF를 구성하고, 운영해야 한다"고 말했다. 이에 본부장들은 "뭘 알아서 하냐? 이때까지 우리가 잘해왔는데, 경영을 해본 사람 중심으로 TF팀을 구성하는 것이 맞다"라고 반박했다.

그러자 대의원들은 "왜 누구 마음대로 그렇게 하냐!"라며, 또 반론을 제기했다. 한국종합기술은 업종의 특성상 선후배 문화, 도제식 문화가 강했다. 따라서 본부장들이 어떤 지시를 하면 그대로 따라 하는 경향이 있었다. 그러나 이날은 평소와 달랐다.

후에 TF팀장이 되었던 장근 전무도 이날 회의에 참여했다. 그는 "본부장들 중심으로 TF팀을 구성한다면 기존의 조남호 회장 체제와 다를 것이 없다"라고 생각한다며, 본부장들에 맞서 반론을 강하게 제기했다. 나아가 그는 TF팀이 구성되면 "참여자 모두에게 정식 인사발령을 내달라"는 것과 "사무실을 마련해 달라"라고 요청했다. 그러나 "이를 수용할 수 없다"는 경영진(본부장들) 쪽의 답변을 들었고, 그는 더 강하게 자기의 의사를 피력했다.

이날의 감정대립은 매우 격했다. 인신공격이 오고 간 것은 아니었지만 말은 거칠었고, 감정이 섞여 있었다. 회사를 인수한 후에도 이날 있었던 감정대립의 결과는 오랫동안 지속되었다. 이날 회의에서 TF팀 구성 방안을 결정할 수 없었다. 회의 주재자였던 나는 이 상황을 어떻게 받아들여야 할지 고민했다. 결국 TF팀 구성 방안은 다음 3차 회의로 넘기기로 했다.

우선협상권을 받은 인수 주체는 우리사주조합이었다. 따라서 우리사주조합이 결정하면 되는 것이다. 그러나 본부장들 중심인 경영진의 생각은 달랐다. 그들은 자신들을 중심으로 TF팀을 구성하고, 인수과정은 물론 인수 이후 회사의 경영까지 주도하려 했다.

본부장들은 경영진이기 이전에 회사의 선배들이었다. 본부장 중에 어떤 분은 그룹 본사인 한진중공업 혹은 타 회사에서 오기도 했지만, 대부분은 한국종합기술에서 20년 이상을 근무하고, 본부장까지 된 기술자 선배였다. 회사에 대한 애정은 누구 못지않았다. 또한 자신들이 그동안 무리 없이 회사를 운영해 왔기에 TF팀을 주도하는 것이 순리라고 생각했던 것 같다.

그러나 우리사주조합 대의원들의 생각은 달랐다. 우선협상권을 받는 과정에서 본부장들의 역할은 없었다. 대의원들은 본부장들이 TF팀을 이끌어야 할 명분이 없다고 생각했다.

게다가 확인 안 된 소문까지 돌았다. 한진중공업의 협력사 중에는 자금력을 갖춘 곳들이 있었다. 소문의 요체는 "조남호 회장이 그들을 활용해 자금을 동원하고, 그 자금과 일부 경영진(본부장들)의 도움을 받아 한국종합기술에 영향력을 미치려 한다"는 것이었다. 불신까지 있는 상황에서 본부장들 중심으로 TF팀을 이끈다는 것은 사실상 불가능했다.

10월 12일 '우리사주조합 3차 임시대의원 회의'가 개최되었다. 이날 회의 안건 중 대의원들이 가장 크게 관심을 보인 것은 당연히 TF팀 구성이었다.

이날 회의자료는 경영지원본부에서 준비했는데, 자료 3쪽에는 조직 구성안이 기술되어 있었다. 준비한 안에 따르면 구성원은 37명이었다.

본부장 8명, 우리사주조합 이사 7명, 지원본부를 제외한 본부별 2명(7개 부서 14명), 실무담당 부서 8명까지 총 37명으로 구성되었다.

우리사주 조합장이었던 나는 당연히 이날 회의도 주재했다. 어떻게 할까? 겨우 우선협상권을 받은 상황이었고, 최종 인수까지 가려면 갈 길이 멀었다. 그런데, 첫걸음을 내딛기도 전에 갈등이 생겨난다면 인수라는 소기의 성과를 거둘 수 있을까? 실패할 가능성이 컸다. 우선 갈등을 최소화해야 했다. 그래야 앞으로 나아갈 수 있을 것 같았다. 순간 방법이 떠올랐다. 나는 다음과 같이 말했다.

"저는 TF팀에 들어가지 않겠습니다."

이렇게 말한 다음 본부장들도 TF팀에 들어오지 않는 것을 제안했다. 우선협상권을 받는 데 나의 역할은 절대적이었고, 그것은 누구나 알고 있는 사실이었다. 그런데 내가 TF팀에서 빠지겠다고 하니, 본부장들도 TF팀에 참여하겠다고 끝까지 주장할 명분이 사라졌다.

이날 회의의 최종 결론은 나를 비롯한 본부장들은 모두 빠지고, 상하수도 본부의 의견을 수용해 본부별로 2명씩 인원을 선출해 TF팀을 구성하고 운영하는 것이었다.

내가 이런 결정에 동의한 것은 두 가지 믿음이 있었기 때문이다. 첫 번째는 집단지성의 힘을 믿었다. 우리 회사에는 다방면으로 뛰어나고 훌륭한 인재들이 많다. 그들에게 기회만 주어진다면 TF팀의 임무를 무난히 수행해낼 것으로 확신했다. 두 번째는 컨설팅업체였다. 컨설팅업체가 재무적인 것은 물론 인수 후 지배구조, 경영구조를 짜는 것까지 충분히 도와줄 수 있다고 생각했다.

6월 21일 입찰 서류를 내기 전, 본부장들이 참여한 회의에서 '인수금액은 얼마나 될까?'에 대한 논의가 몇 번 있었다. 그때마다 개인별로 주장하는 금액에서 차이가 났다. 어떤 분은 200억, 혹은 300억, 또 어떤 분은 750억까지 말했다. 인수 추정 금액의 차이는 당연히 존재할 수밖에 없다. 그러나 내가 말하고 싶은 것은 합리적인 근거였다. 본부장들은 인수금액을 제시할 때 근거가 부족했고, 감과 경험에 의존하는 경향이 컸다.

TF팀이 고민할 것은 '종업원 지주회사'라는 새로운 경영방식과 기업문화의 안착이었다. 그러나 이에 대해서는 본부장들도 전혀 아는 바가 없었고, 오히려 과거의 생각 때문에 새로운 경영방식, 새로운 기업문화를 짜는 데 한계가 더 많다고 생각했다. 이런 상황이라면 본부장 중심의 경영진이 아니라 새로운 인물들이 나서서 TF팀을 꾸리는 것이 더 좋을 수 있다고 판단했다.

격론 끝에 본부별로 TF팀 구성을 어떻게 할 것인지에 대한 의견을 모으기로 했다. 회의는 난이도가 있었다. 한 사람이 아니라 여러 사람의 의견을 수렴해야 했고, 또 의견대립까지 있었다. 그것은 애정과 관심이었고, 때론 자기 생존의 연장선상에서 나오는 발언이기도 했다. 그렇다 보니 논쟁이 치열했고 상대방의 의견을 쉽게 수용할 수 있는 상황이 아니었다. 그러나 나는 무난하게 합의점을 만들어내고 큰 마찰 없이 대의원 회의를 진행했다. 어떤 분들은 문제를 정리하고 조율하는 내 방식에 놀랐다고 말했다.

사실 이런 회의는 나에게 익숙했다. 나는 노동조합 활동을 하면서 자유롭게 의견을 제출하고, 논점을 만들고, 다수의 의견을 모아내며, 함께 머리를 맞대는 것이 어떻게 힘을 발휘하는지 배우곤 했었다. 본부장님들은 경험은 많았지만, 이런 방식의 회의에 익숙하지 않았다. 그들이 경험한 회의는 대부분 일방적인 지시를 전달받고, 실행의 결과를 보고하는 것이었다.

장근, 그리고 김한영, 양용수

TF팀은 총인원 18명으로 구성되었으며, 이 과정에서 외부 간섭은 없었다.

TF팀원 중에 장근 전무는 8월 16일 우선협상권을 받기 전까지 회사의 사정을 제대로 알지 못했다. 당시 해외 사업에 주력하고 있던 그는 한 해에 10번 이상, 많으면 20번까지 해외 출장을 다녔다. 해외 출장이 한 달에 2번씩 잡힐 때도 있었다. 9월 경이었다. 해외 출장을 다녀온 장근 전무는 그제야 회사가 우선협상자가 되었다는 사실과 함께 한진중공업의 소식, 경영진이 어떻게 하고 있는지 등을 알게 되었다. 그리고 종업원지주제라는 말을 들었을 때, 그의 눈앞에 신세계가 펼쳐졌다고 한다.

장근 전무는 당시 환경신성장부에서 근무하고 있었다. 그를 처음 알았던 것은 2005년, 2006년 경이었다. 당시 회사는 해외사업을 계획하며, 직원 대상으로 영어교육을 했다. 나는 아침마다 영어 수업에 참여했는데, 그때 장근 전무도 함께했다. 보통 임원급이나 경력이 있는 선배들은 교육 참여에 부정적이었는데 장근 전무는 아침마다 일찍 나와 수업 시간에 적극적으로 배우려는 모습이 인상적이었다.

이후 그와 나는 부서와 업무가 달라 친해질 시간이 없었는데, TF팀을 결성하면서 친해지게 되었고, 기획력과 일에 대한 집중력은 물론 회사의 미래와 후배들을 생각하는 마음을 보면서 대단한 분임을 알게 되었다. 또한 경영진을 중심으로 종업원지주제에 대한 반론이 제기될 때마다 때론 강하게, 때론 부드럽게 앞장서서 대응해 주었다.

김한영 부서장, 양용수 상무도 TF팀의 활동 기간 동안 진면목을 알게 된 분들이었다. 두 사람이 TF팀에 참여한 이야기에는 진지함과 특별함이 있다.

김한영 부서장은 회사가 민영화되기 이전인 1993년 상하수도부로 입사했다. 중간 2년을 제외하고 그는 한국종합기술에서만 직장생활을 했나. 2017년 회사의 매각 이슈가 생겼을 때 그는 부서장이었다.

3월부터 9월까지 김한영 부서장은 국회 기자회견, 입찰 참여, 바른 매각 촉구대회 등 관련 소식을 듣고 있었을 뿐 적극적인 관심을 쏟지 못했다. 그는 부서장으로 눈앞에 일을 처리하기 바빴다. 게다가 6월에

암 진단과 7월에 수술, 9월까지 24번의 방사선 치료를 받느라 주변을 돌아볼 틈이 없었다. 10월 초 본부 회의에서 당시 본부장이 "상하수도본부의 입장을 제대로 대변하려면 부서장 중 한 명이 TF팀에 가야 할 것 같다"라고 말하더니, 김한영 당시 부서장을 지명했다.

김한영 부서장은 아직 체력이 회복된 상태가 아니였지만 조직의 결정에 반하는 말을 하고 싶지 않아서 일단 "알겠습니다"라고 말했다고 한다. TF팀 초기, 그는 "일이 바쁘고, 몸이 아프다는 핑계로 그동안 회사의 인수과정에 관심을 가지지 못했다"며, 굳이 하지 않아도 될 미안함까지 표현했다. 이후 TF팀 활동과 인수 후 거버넌스 확립 기간에 보여준 그의 역할은 매우 컸다.

양용수 상무는 2007년 10월에 경력직 이사로 입사했다. 그의 전문 분야는 토목 구조물 설계로 회사에서도 구조부에 근무했다. 2017년 4월 매각 이슈가 나오자 그는 회사가 어떻게 대응하는지, 주의 깊게 살피고 있었다. 이런 상황에서 '노동조합이 나서고, 우리사주조합을 이용해 인수를 추진하겠다'는 선언은 그를 깜짝 놀라게 했다.

'공기업이 사기업(1997년 공기업이었던 한국종합기술개발공사는 한진중공업 계열사로 인수되었다.)이 되었고, 이제 사기업이 우리 것이 되는 거다.'

노동조합과 우리사주조합의 말대로 된다면, '완전히 주인이 바뀌고, 우리가 주인이 되는 것이다'라고 생각했다. 체제의 큰 변화였다. 양용수 상무는 분명히 자신의 직장생활에도 큰 변화가 올 수밖에 없다고 확신했다. 인수 TF팀을 만든다는 이야기가 나왔고, 이 내용은 본부 회의 시간에 안건으로 올라왔다.

양용수 상무는 "정말 중요한 사안입니다. 누군가 빨리 참여해야 합니다"라는 말을 꺼냈다. 그러자 분위기는 자연스럽게 양용수 상무가 참여하는 것으로 결정되었다.

TF팀, 첫 번째 회의

10월 25일 인수 TF팀 회의가 열렸다. 첫 회의였다. 본부별로 임원 1명, 직원 1명으로 각 2명을 추천받아 총 18명과 그 외 관련 담당자들이 참여했다. 이날 팀 내부 협의를 통해 장근 전무를 TF 총괄 팀장으로 선출했다.

김한영 부서장과 양용수 상무에 따르면 첫날 회의는 정비되지 않은 상태였다. 팀원들은 서로 안면이 있는 상태였지만, 모두가 친한 사이는 아니었다. 부서 간 업무의 벽이 있었다. 한 번 어떤 부서로 입사하면 장기간 그 부서에서 근무하다 보니, 타 부서의 임직원과 친분을 쌓을 기회가 부족했다. 김한영 부서장과 양용수 상무도 부서가 달라 당시까지 서로 잘 몰랐다고 한다.

회의 풍경은 일반적이었다. 회의장은 서로 마주 보며 반원 형태로 자리 배치가 되었다. 김한영 부서장이 회의에 들어온 건, 조금 늦은 시간이었다. 그의 말에 따르면 그때 누군가는 설명하고, 누군가는 자료를 살펴보고 있었다. 또 점차 회의 시간이 흐르자 "컨설턴트사를 선정해야 한다"라거나 "그 회사가 딜로이트"라는 이야기, "TF팀의 임무와 역할", 그리고 "그 임무를 언제까지 끝내야 하는지" 등의 이야기가 있었다.

회의 전 배포된 자료가 있었다. 특히 삼일, 삼정, 한영, 딜로이트 등 4개 컨설턴트사의 제안서는 양적으로 두툼했다. 양용수 상무는 사전에 이해가 안 되는 용어와 문장에는 밑줄을 치고, 어떤 곳에는 메모지를 붙이며, 배포된 자료를 꼼꼼히 읽었다고 한다. 그러나 양용수 상무의 눈에 비친 회의장의 첫 풍경은 그의 준비 정도와 달랐다.

다른 팀원들은 자료를 읽지 않고 온 것이 양용수 상무의 눈에 들어왔다. 그러나 그는 곧바로 사실을 명확하게 이해할 수 있었다. 참석자들은 누구나 TF팀이 무엇을 하는 곳인지 정확히 알고 있었다. 준비가 안 된 모습은 첫날의 풍경, 갑작스러운 풍경에 불과했다.

회의가 시작되자, "모든 자료를 책으로 묶어서 꼭 읽어 보자"라는 김한영 부서장의 의지 넘치는 제안이 나왔다. 이런 발언은 계속 이어졌다. 누군가가 일정 로드맵을 제안했는데, 그것은 "역순으로 날짜를 맞춰야 한다"라는 것으로, 당위성과 책임감이 반영된 것이었다. 원래대로 하자면 일의 경중과 순서에 따라 로드맵을 정해야 한다. 그러나 누군가는 비상한 마음으로 임하지 않으면 결과를 낼 수 없다고 인식했고, TF팀원 모두가 이의 없이 이에 동의한 것이다.

연이어서 "TF팀의 임무를 완수하려면 매일 만나야 하고, 부서 업무보다 이 일을 먼저 생각해야 한다"라는 공감대까지 이루었다. 이뿐만 아니라 "다음 회의 때 딜로이트의 컨설팅 업무에 대해 논의하겠습니다"라는 구체적인 안건도 빠르게 제안되었다.

첫 번째 회의가 있고, 이틀 뒤인 10월 27일 인수 TF팀 겸직 발령이 났으며 동시에 본격적인 활동을 시작했다. 9월 '우리사주조합 2차 임시대의원회' 때 일부 경영진은 인수 TF팀의 겸직 발령을 원하지 않았는데, 그 문제가 공식적으로 해결된 셈이다.

의지와 집단지성의 힘

우리가 생각하는 정관과 지배구조는 대주주의 소유에 기반한 경영개념으로 만들어 낼 수 있는 것이 아니었다. 우리는 종업원지주제라는 정확한 목표를 가지고 있었고, 그것의 연장선상에서 고민해야 했다.

TF팀은 두 가지 목표를 설정했다.

"종업원지주제 안착, 지속가능한 기업으로 전환"

나는 이 목표 수립이 적절했다고 본다. 기존에는 대주주인 조남호 회장의 판단에 따라 회사의 중요한 결정이 내려졌다. 그러나 우리는 주식인수에 참여한 830여 명이 소유주였고, 그들의 의사에 따라 결정을 내려야 했다.

TF팀 초기에 두 가지 어려움이 있었다. 그 어려움은 모두 9월 14일 있었던 '우리사주조합 1차 임시대의원회의'의 연장선상에서 발생했다. 내부적으로는 팀원 간의 의견 차이, 외부적으로는 기존 경영진과의 대립이었다.

팀원 중에 모 임원은 경영진 중심으로 거버넌스를 수립하자는 의견을 제출했는데, 이것은 당연히 TF팀 내에서 논란이 되었다. TF팀에는 우선협상권을 받는 과정에서 보여준 나의 모습 때문에 나의 입장을 지지하는 임직원들이 적지 않게 있었다. 또 TF팀의 원래 취지가 종업원지주제의 안착화라는 점에 비춰볼 때, 모 임원의 의견은 수용되기 어려웠다. 그와 종업원지주제를 옹호하던 장근 팀장 사이에 몇 번의 의견 차이가 나타났고, 결국 그는 TF팀에서 사임했다.

경영진과의 회의가 몇 번 있었다. TF팀이 제출한 안은 원칙적으로 우리사주조합의 승인을 받으면 실행력을 갖추게 된다. 그러나 비용 사용 등 일부 안건은 경영진의 동의가 필요했다. 처음에는 조율이 있었으나 시간이 지나면서 의견대립이 시작되었다. TF팀에는 경영지원본부 소속 임직원이 참여하고 있었기 때문에 사실 경영진의 동의는 불필요했다. 그러나 경영진의 모 임원은 계속 동의절차를 요구했다. 실행은 안 되었지만 결국 장근 TF팀장과 모 임원은 "갈라서자!"라는 심한 말까지 주고받았다.

그러나 대립만 있었던 것은 아니다. 장근 TF팀장은 경영진과 경력과 직책에서 비슷했기에 길면 1시간 이상 차를 마시며, 인수는 물론 종업원지주제를 비롯한 회사의 미래에 관해 허심탄회하게 대화를 나누었다. 심한 대립과 상관없이 팀원들은 자신의 역할에 충실했으며, 스스로 자기의 일에 확신을 갖고자 했다.

TF팀에는 3개의 분과가 있었는데, 이 중에 2개 분과를 김한영 부서장과 양용수 상무가 각각 맡았다. 회의 참여자는 보통 14명 정도였고, 회의는 주중에 2~3번 있었는데, 중간에 쉬어갈 틈이 없었다.

안건 초안은 주로 장근 팀장이 맡았다. 김한영 부서장에 따르면 장근 팀장은 문서의 초안을 잡아나가는 능력과 추진력이 뛰어났다고 한다. 안건이 제출되면 팀원들이 움직였다. 힘든 점 중 하나는 일정이었다. 여유 있게 생각할 시간이 부족했다. 안건을 설정하면 그것을 준비하고, 다음날 결정해야 하는 상황이었다. 게다가 의사결정은 몇 사람만의 합의로 이루어질 수 있는 것이 아니었고, 또 TF팀도 그런 방식을 원하지 않았다.

예를 들어 임직원이 퇴사할 때, 그의 출자금 5,000만 원을 어떤 방식으로 돌려줄 것인가?'를 결정해야 할 때가 있었다. 당시 TF팀은 그것을 임의로 결정하지 않았다. 2,500만 원은 현금으로, 나머지 2,500만 원은 주식과 연계해 돌려주자는 안을 작성했는데, 그것을 바로 결정하지 않고 TF팀이 직접 나서서 본부별로 임직원들의 의사를 물어 결정했다.

원칙적으로 1,100여 명의 임직원을 대상으로 의견을 물어봐야 했다. 물론 1,100여 명 모두에게 의견을 물을 수 있는 구조는 아니었지만, 최대한 그들의 의견을 반영하려 했다. 그러다 보니 의견 차이는 존재할 수밖에 없었고, 이것을 통합하는 일이 쉽지 않았다.

만약 이전처럼 조남호 회장이라는 대주주가 있었다면 어떻게 결정했을까? 분명 논의는 했겠지만 최종적으로 회의 참석자들이 조남호 회장의 생각을 반영하고자 노력했을 가능성이 크다. 그러나 우리는 달라야 했다. 철저하게 모든 사람의 의견을 모아내려고 노력했다. 이것은 종업원지주제를 하는 기본 바탕이나 마찬가지였다.

선택을 가리기 어려울 때, 찬반을 가리기 어려울 때, 가장 손쉬운 방법은 투표였다. 그러나 이 방법은 피하려 했다. 일단 충분한 토론으로 만장일치로 가기 위해 노력했다. 투표는 항상 마지막 수단이었다.

"경영", "주식회사"

이런 용어는 20~30년 동안 엔지니어로 살아온 팀원들에게는 생소한 것이었다. 처음 TF팀 내에서는 "자금이 모자라면 상일동 사옥과 압구정동 빌딩을 팔면 되지 않나?"라는 단순한 생각까지 했다고 한다. 그러나 매각에 들어간 상태에서 사옥을 판다는 것은 불가능했고, 판다고 하더라도 판매 대금 모두를 가질 수 있는 것도 아니었다. 대주주 지분 70% 외에 시중에 풀려 있는 주식이 30%였기 때문에 판매 대금 중에 70%만 확보할 수 있다.

게다가 팀원들 앞에는 종업원지주제라는 주식회사와 다른 새로운 형태의 경영방식과 조직이 산처럼 버티고 있었고, 그것을 넘어서야 했다. TF팀은 바쁜 중에도 자기 확신을 갖고자 노력했다. 그것은 학습의 형태로 진행되었다. 딜로이트 팀장과 파견 직원들은 경영컨설팅 전문가였다.

이들이 일하는 곳은 TF팀 사무실 바로 옆이었다. TF팀은 이들과 수시로 대화를 나누었고, 장근 팀장은 늦은 저녁까지 딜로이트 팀장과 차를 마시며 대화했다.

나는 내일신문 장명국 대표도 초청했다. 한국종합기술이 가려는 방향과 완전히 같은 것은 아니지만, 내일신문은 당시는 물론 현재도 사원주주회사로 운영하고 있다. TF팀은 내일신문의 장점을 수용하려 했다. 또 장근 팀장은 몇몇 팀원과 SK증권 대표 면담을 추진했다. 장근 팀장의 사촌 동생이었던 그는 금융전문가로 M&A 경험이 풍부했고, 기업 평가에 능통했다.

"회사(한국종합기술)의 재정 건전성은 어느 정도인가요."

"회사(한국종합기술)를 인수하는데, 주당 9,000원이 적정할까요."

이런 질문에는 이유가 있었다. TF팀은 임직원 대상으로 설명회를 해야 했는데, 그러기 위해서는 먼저 자기 확신이 필요했다. 장근 팀장에 따르면 SK증권 대표의 답은 긍정적이었다고 한다.

이런 확신은 임직원들의 불안감을 안심으로 바꾸고, 참여율을 높이는 데 도움이 되었다. 장근 팀장은 임직원들에게 우스갯소리로 이렇게 말하곤 했다.

"법인이 사옥(상일동과 압구정동 빌딩)을 고스란히 가지고 있는 곳이 우리 회사다. 인수 주식 가격이 600억이라면, 자산은 못 해도 1,000억이다. 인수 후에 우리 회사가 망해도 자산을 팔아서 퇴직금을 가져갈 수 있다. 회사는 건실하다. 걱정하지 마라."

TF팀은 치열했다. 양용수 상무는 그때를 이렇게 회상했다.

"자료가 있으면 집에 가서도 읽고, 출장 갈 때도 읽었어요. 또 기차 안에서 자료를 만들곤 했죠. 두 달 동안 압축적으로 전혀 다른 분야를 알게 된 시간이었죠. 아무것도 모르는 무지렁이가 두 달 만에 주식회사가 무엇인지 알게 되고, 나아가 다른 형태의 경영을 해보겠다고 의지를 세운 거죠."

종업원지주제에 진심이었던 컨설턴트들

인수자문사 딜로이트의 열정도 TF팀 못지않았다. 그들은 10월 30일부터 업무를 시작했다. 딜로이트 담당자들은 열성적이었다고 한다. 그들이 머물렀던 곳은 상일동 사옥 2층, 3회의실로 TF팀 바로 옆이었는데, TF팀이 요청할 때마다 수시로 대화하며 아이디어와 생각을 교환했으며, 퇴근 이후 늦은 시간까지 차 한잔을 마시며, 대화를 나누는 데도 주저하지 않았다.

TF팀 구성원들은 엔지니어 출신이라 경영에 대한 경험과 지식이 부족했다. 딜로이트는 이점을 보완해 주었고, 종업원지주제를 정착시키기 위한 다양한 아이디어를 제공했다. 미국 기업 유나이티드항공(United Air Line)의 실패 사례 공유가 그렇다. 이 회사는 1994년 승무원 노조를 제외한 7만 5천 명의 임직원이 참여해 회사 지분 55%를 매입했다. 그러나 투자 참여자와 미참여자 간의 갈등(투자 참여자는 8~15% 임금 삭감 및 주식 보너스 수령. 미참여자는 임금 삭감 제외 및 높은 현금 보너스 지급. 결국 투자 참여자들의 피해의식이 확대되었다.)이 발생하고, 내부 이해관계 조정 및 지배구조 변화에 따른 제도와 문화 확립 실패로 7년 만에 파산보호신청을 했다. 이 회사의 사례는 TF팀에게 인수 이후 거버넌스 확립이 얼마나 중요한지를 다시 깨우쳐 주었다.

특히 눈길을 끌었던 것은 종업원지주제를 바라보는 딜로이트 팀원들의 입장이었다. 그들은 치열한 경쟁을 펼치고 그 속에서 살아남아야 하는 자본주의 기업을 컨설팅하는 회사의 직원이었지만, 공공의 선에 대한 열망을 가지고 있었다. 그들은 신기함, 재미있음과 함께 진지함으로 종업원지주제가 성공할 수 있기를 바랐다고 한다.

TF팀의 임무, 정관 만들기

TF팀의 또 다른 주요 임무는 회사의 모든 정관을 새롭게 만드는 것이었다. 팀원들은 협동조합은 물론 유사한 형태의 회사를 찾아내 그 회사의 정관을 비교 분석하고, 자료가 정리되면 딜로이트로부터 법적, 회계적인 자문을 받았다.

TF팀은 이사회를 구성하는 대의원을 어떻게 선출할 것인가? 대표를 어떻게 선출할 것인가? 직원 1인당 참여 비용을 얼마로 할 것인가 등을 정했다. 이 중에 어떤 것은 결단이 필요했다. 어떤 TF팀원은 '1인당 참여 금액에 차등을 줄 것인가? 아닌가'로 고민하기도 했다. 그것은 익숙한 것에서 벗어나는 내적 고민이기도 했다.

인수에 참여한 임직원이라면 누구나 1인당 5,000만 원을 투자하기로 약속한 상황이었다. 그러나 일각에서 인수자금이 부족할 수도 있으니, 1인당 참여금액을 5,000만 원이 아니라 능력이 되면 "더 많은 금액으로 참여할 수 있는 길을 열어보는 것이 어떨까?"라는 의견 제시가 있었다. 이것은 현실적인 문제였다. 게다가 모두가 동등하게 투자해서 '주식회사를 인수한다'는 개념은 익숙한 것이 아니었다. 항상 대규모 투자자가 있고, 그가 대주주가 되어 회사를 인수하는 것이 관행이었다.

그러나 이런 유혹은 종업원지주제에 대한 자신감과 다른 TF팀원들과의 논의를 통해 극복되었다. 인수 TF는 1인당 5,000만 원으로 투자를 제한했다. 차등을 두지 않았다.

TF팀은 임직원과의 소통에도 열의를 다했다. 10월 25일 TF팀 첫 회의 후 며칠이 지났을 때였다. TF팀에서 나를 불렀다. 나는 팀원들을 대상으로 3시간 동안 3월부터 있었던 진행 과정과 자금을 어떻게 조달할 것인지 등을 설명했다. 나의 설명 외에도 많은 자료와 데이터, 인적 정보가 제공되었다. 이 과정을 거치며, 자연스럽게 TF팀의 의지도 올라갔다. 어떤 TF팀원은 막연하게 "마냥 잘 되고 있겠지"라고 생각했는데, 짧은 며칠 동안 TF팀 토론과 회의에 참여하면서 그렇지 않음을 알게 되었다고 말했다. 그는 자신과 같은 사람에게 인수과정과 인수의 당위성을 알려야겠다는 생각이 들었다고 했다.

TF팀이 주최한 최초 설명회는 11월 9일, TF팀이 구성된 지 2주만에 전 직원을 대상으로 지하 강당에서 개최되었다. 일단 부정적인 소문을 잠재우고, 인수 방안, 자금조달 방안 등을 설명하며 임직원들의 참여를 독려해야 했다. 발표는 인수자문사인 딜로이트 안진의 엄상윤 이사, 김한영 부서장, 장근 팀장 순이었다.

°운명의 1주일

　조직적이었는지, 우발적이었는지, 아니면 두 가지가 섞인 어떤 것이었는지 알 수 없다. 11월 말 예상하지 못했던 상황이 벌어졌다. 우선협상권을 받은 이후 TF팀 구성으로 의견 차이가 있었던 경영진이 인수 반대에 나섰고, 그들은 그것을 행동으로 옮겼다.
　경영진은 본부장 8명으로 숫자는 많지 않았다. 그러나 그들은 경험 많은 기술자이자 회사의 선배로 권위와 영향력을 가지고 있었다. 그들의 움직임은 결국 실패로 끝났지만, 며칠 동안 나를 포함한 TF팀 등 인수 주도자들에게 큰 긴장감을 주었다.
　이 상황은 길게 보면 9월 14일 인수 TF팀 구성으로 논란이 있었던 '우리사주조합 1차 임시대의원회의'로 거슬러 올라간다. 그때 한 차례 의견 충돌이 있었고, 그 불씨가 계속 잠복해 있었던 것이다. 그러나 직접적인 시작은 11월 말경이다.

보직 임원 대상 설명회

TF팀은 임직원 대상으로 설명회를 하기 전에 먼저 본부장, 부서장 등 보직 임원 대상으로 설명회를 하기로 계획했다.

11월 27일 월요일, 보직 임원 대상 설명회는 1부 회계 보고, 2부 거버넌스로 계획되었다. 회계 보고도 중요했지만 이날 TF팀은 거버넌스 보고를 더 중요하게 생각했다. 1부 회계 보고가 순탄하게 마무리되고 질문을 받을 때였다. 그런데 예상치 못한 상황이 발생했다. 갑자기 분위기가 험악해지며, 더 이상 설명회를 진행할 수 없게 되었다. 보직 임원들은 사전 회의를 했고, "경영을 해보지도 않은 후배들에게 어떻게 회사를 맡길 수 있는가?"라는 물음을 던지고, "이것은 아니다"라는 결론을 내리고 참석했다.

특히 두 가지 명분을 내세웠다. 첫째, 인수하는 데 대출이 많아 향후 경영이 어려워질 것이다. 그러나 당시 우리 회사는 재무적으로 건강했고, 2017년 인수 여파로 수주가 줄어든 탓이 있었지만, 그전까지 수주, 매출, 영업이익이 건실했고, 압구정동과 상일동 사옥 등 자산까지 있었기 때문에 무리한 대출은 아니었다.

둘째, 케이프투자증권은 기업사냥꾼이다. 일부 경영진은 "케이프투자증권 대표가 기업 사냥꾼출신"이라며, 케이프투자증권의 정체에 대해 집중적인 문제를 제기했다. 케이프는 원래 선박용 엔진 실린더를 만드는 곳으로 금융과는 무관한 회사였다. 케이프는 LIG그룹 해체 후, 그에 속했던 LIG투자증권을 인수해, 사명을 케이프증권으로 바꾸었다. 이때 기업 인수 합병을 주도했던 케이프 출신 임원이 자연스럽게 사장이 되었다. 그는 기업사냥꾼과 무관한 사람이었다. 그런데 본부장들이 실제로 몰랐는지, 아니면 일부러 그랬는지 케이프증권 사장을 M&A 전문가, 기업사냥꾼이라고 포장해서 소문을 낸 것이다. 보직 임원들은 인수과정 및 자금조달에 대해 반대할 명분과 근거가 부족 하자, 여기서 그 근거를 찾아내려 했다. 그날의 분위기를 전하면 "보직 임원들은 회의장에 들어온 순간부터 잔뜩 화가 난 것처럼 보였다"고 한다.

이날 설명회에는 TF팀 전원이 참석한 것은 아니었다. 김한영 부서장과 몇 명이 TF팀을 대표해 참석했다. 김한영 부서장은 중간적인 위치에 있었다. 부서장이라 보직 임원이면서 동시에 TF팀원이었다. 게다가 그는 부서장 중에 연차와 나이로 막내급이었다. 이런 이유로 그는 고성이 오가는 순간에도 말없이 앉아있었다.

그러나 험악한 분위기가 계속 이어지자 그는 가만히 있으면 안 되겠다고 생각했고, 소위 말할 군번이 아닌데도 말을 꺼냈다. 그의 첫 마디에는 상황을 객관적으로 받아들이려는 의지가 담겼다. 그는 자신이 현재 어떤 위치에 있는지 알리는 말로 시작했다.

"저는 상하수도부 부서장이면서 TF팀원입니다. 그래서 제가 설명을 하겠습니다."

그러나 회의장은 이성보다 감정이 지배하는 상태였다. 누군가가 언성을 높였다.

"넌 가만히 있어. 말하지 말라니까."

김한영 부서장은 몇 차례 더 발언권을 요청했으나 막무가내 분위기 때문에 마지막까지 발언 기회조차 얻지 못했다. 결국 설명회는 계속 소란스럽게 고성이 오가다 끝나고 말았다.

보직 임원들은 왜 이렇게 행동했을까? TF팀의 의견을 차분하게 들어보면 결론은 "종업원지주제라는 새로운 회사를 잘 만들어 보자"는 것이었는데 말이다.

분명하지는 않다. 다만 몇몇 사람들의 추측에 따르면, 보직 임원 중 다수는 회사가 한진그룹에 계속 남아있거나 다른 회사로 인수된다면 자신들의 직책과 역할이 계속 유지될 수 있을 것으로 생각했던 것 같다. 실제로 계열사 대륜E&S는 처음 매각 대상으로 거론되었지만 매각에 실패한 후 기존 임원들은 그대로 유지했다.

반면에 종업원지주제 회사가 되면 임직원들이 혁명 때처럼 들고 일어나, 자신들이 자리를 내려놓을 수밖에 없을 거라는 불안감이 있었던 것으로 보인다. 보직 임원들은 오랫동안 선배로서, 인정받은 기술자로서 경영에 참여해 왔는데, 인수가 본격화되자 그 과정에서 배제되었다. 인수 관련 주요 논의는 사실상 TF팀이 주도했고, TF팀은 그 내용을 우리 사주조합 대의원회에 제출해 승인을 받았다. 대의원회의 참여자는 30여 명이었는데, 본부장들은 이 회의에 참여할 수 없었다. 이 점도 보직 임원 중 다수에게 매우 못마땅한 요소였을 것이다.

설명회가 난장판이 되었다고 김한영 부서장이 TF팀 전체에게 상황을 전했다. TF팀은 당연히 화가 날 수밖에 없었다. 그러나 화를 삭일 시간도 없었다. TF팀원들은 상황을 객관화하고, 이성적으로 대응 방법을 찾아야 했다.

TF팀 회의와 임직원 대상 설명회 공지

TF팀 회의가 시작됐고, 각자 고민의 결과를 풀어냈다. 논의 끝에 TF팀은 전체 임직원을 대상으로 설명회를 하기로 결정했다. 설명회 내용은 회계 보고와 거버넌스가 아니었다. TF팀은 보직 임원 대상 설명회와는 다른 내용으로 준비하기로 했다. 당시 TF팀에서 하는 일이 무엇인지 알리고, 여기에 거버넌스를 섞기로 했다. 그러나 한 가지 고민되는 것이 있었다. 그것은 설명회 방식이었다.

TF팀이 선뜻 결정을 못 내고 있던 순간, 김한영 부서장이 보직 임원 설명회에서의 경험을 이야기했다. 본부장들이 꼬리에 꼬리를 물고 발언하고 질문해서 제대로 답변할 기회가 없었다는 것이다. 해결방안으로 김한영 부서장은 설명회를 본부별로 개최하고 본인이 발표자로서 본부장들과 1대1로 토론 하겠다고 했다. TF팀의 결정은 단호했다. 본부장들을 논의에 참여하지 못하게 하려는 것이 아니었다. 설명회와 논의에 딴지를 걸고자 하는 몇몇 본부장들의 방식을 막아내고, 임직원들에게 제대로 상황을 알리고, 거버넌스 설명을 통해 회사의 향후 비전을 제시하려는 계획이었다. 또 본부별로 설명회를 진행하는 이유는 한 가지 더 있었다. 전체 직원을 모두 모아 놓으니, 잘 들리지도 않고, 그러다 보니 뒤쪽에 앉은 사람 중에는 다른 소리를 하는 사람도 있었다. TF팀은 작은 요인으로 보일 수도 있지만, 공간이 주는 전달의 효율성까지 고려했다. 그리고 TF팀은 진행 방식을 더 구체화했다.

특히 설명이 중간에 끊기면 안 될 것 같다고 판단했다. TF팀은 첫 번째 원칙으로 설명회 시작 전, "일단 설명을 끝까지 다 듣고, 질문하세요"라고 말한 다음에 이에 대한 확답을 받고 시작하기로 했다. 그리고 곧바로 두 번째 원칙도 정했다.

"1인당 질문은 일단 두 개씩만 받는다. 더 이상 다른 사람들의 질문이 없을 때, 추가로 받는 것으로 하자."

일정한 방식을 정하지 않으면 제대로 된 설명과 논의로 나아가지 않고, 논란만 가중될 수 있었는데, 그것을 막고자 TF팀이 노력했던 셈이다. 설명회 날짜는 미루지 않고 빠르게 진행하기로 했다. TF팀은 이틀 뒤인 11월 30일 목요일과 12월 1일 금요일 양일간 본부별로 설명회를 하겠다고 공지했다. 설명회는 목요일, 금요일 각각 4개 본부로 나누고, 당일에는 오전과 오후에 각각 2개 본부씩 진행하기로 정했다.

갑자기 잡힌 보직 임원 회의와 연판장

다음날인 11월 29일 수요일, 갑자기 보직 임원 회의가 개최되었다. 김한영 부서장은 보직 임원이라 당연히 회의에 참석했다. 주재자는 경영지원본부장으로, 그는 출장 중인 보직 임원을 제외하고, 모든 본부장과 부서장들을 소집했다. 보직 임원의 숫자는 30여 명으로 이들은 대표를 중심으로 회사의 최고 결정권을 가진 사람들이었다.

"현재 인수 방식은 수용할 수 없다."

회의 자리에 처음 전달된 내용이었다. 회의에 참가한 8명의 본부장들은 사전에 회의를 마친 상태였다. 그들은 두 가지 이유를 들어 반대 의사를 표명했다.

첫 번째는 "대략 250억의 차입금 규모가 너무 크다. 결국 회사는 버티지 못할 것"이란 논리였고, 두 번째는 "차입금을 가져올 곳인 케이프투자증권이 M&A 전문 사모펀드로 기업 사냥꾼이기 때문에 결국 회사를 비싸게 팔고 떠날 것이다"라는 논리였다.

또 회의에서는 강력한 발언까지 보태졌다.

"본부장들은 우리사주조합을 탈퇴하고, 인수 참여에서 빠지겠다."

본부장들은 인수 방식에 대한 우려 외에 한 걸음 더 나아가 인수 자체를 없었던 것으로 하려 했다. 게다가 본부장들은 자신들의 의사 관철을 위해 더 강한 대응 방법을 주문했다.

"부서장들도 연판장에 서명해라."

본부장들은 준비해온 네 장짜리 연판장 문서를 돌렸다. 문서 앞쪽에는 우리사주조합을 탈퇴하는 이유가 작성되어 있고, 뒤쪽은 회의 참가 본부장들과 부서장들의 이름이 적혀있었다. 본부장들의 이름 옆에는 이미 서명이 완료되어 있었다. 경영지원본부장과 다른 본부장들은 부서장들에게 계속 서명을 요구했다.

연판장 서명은 강요나 다름없었다. 연판장을 돌리는 이유는 말과 문서로 전달되었지만 이에 대한 찬반 토론은 없었다. 또 본부장들은 최고경영진이라 항상 이들의 말은 강력했다. 그런 분위기에서 연판장에 서명하라는 본부장들의 말은 거역하기 힘든 지시나 다름없었다. 부서장 중에 이에 대해 대응하는 사람은 없었다. 순간 침묵이 흘렀다. 이때 김한영 부서장이 말을 꺼냈다.

"말씀드릴 것이 있습니다."

그는 차분한 목소리로 자기의 생각을 말하기 시작했다.

"지난 월요일 설명회 때, 거버넌스까지 설명하려고 했습니다. 그것에는 앞으로 우리 회사가 어떻게 운영될지 내용이 들어가 있었습니다. 그런데 여기 계신 분들은 아무도 그 설명을 듣지 못했습니다."

김한영 부서장은 먼저 11월 27일 보직 임원 대상 설명회가 파행이 된 것을 점잖게 짚고, 계속 말을 이어갔다. 그는 본부장들의 태도 때문에 화가 날 수도 있었지만, 감정에 휘둘리지 않았다.

"본부장님들이 어떤 걱정을 하고, 어떤 취지로 연판장을 돌리려 하는지 알겠습니다. 그런데 내일(11월 30일)과 모레(12월 1일) 설명회가 예정되어 있습니다. 이런 의사 표명은 그때 본부별 설명회를 듣고 판단해도 늦지 않다고 생각합니다."

김한영 부서장은 이렇게 발언하고, "이런 판단이 본부장님들의 명성에 누가 되지 않을까? 걱정된다"는 말로 정리했다. 그러나 상황은 반전되지 않았다. 당연히 김한영 부서장의 발언을 객관적으로 수용하려는 일말의 말이나 움직임은 없었다. 그리고 월요일 설명회 때처럼 감정 섞인 말들과 함께 "아니다. 서명해라"라는 말이 나왔다. 곧바로 연판장이 회의 테이블을 돌았다. 결국 출장 간 부서장을 제외하고 모든 부서장이 사인했다. 그러나 사인하지 않은 부서장이 있었는데, 김한영이었다.

딜로이트의 재무평가를 보면 본부장들의 주장이 얼마나 사실과 다른지 알 수 있었다. 회사는 해마다 매출이 증가했고, 영업이익을 냈다. 또 자산 건전성이 높았기 때문에 차입을 하더라도 이자와 원금을 갚는 것이 충분히 가능했다. 게다가 조남호 회장이란 오너리스크가 사라지면 회사의 성장은 더 가파르게 빨라질 가능성이 컸다.

또 케이프투자증권의 인수금융은 단순한 주식 담보 대출구조였다. 3월 말 인수 준비를 시작하고, 은행 외에 다수의 사모펀드를 만났다. 그때마다 그들의 다양한 요구조건을 수용하지 않고, 결국 케이프투자증권에서 인수대금을 활용한 것은 상대적으로 금리가 가장 낮았고, 이사회 참여 등의 경영 참여와 같은 기타 요구조건이 없었기 때문이었다. 따라서 본부장들의 반론은 설득력이 없었다.

일부 본부장의 대출 철회, 경영지원본부장에 대한 사직 요구

본부장들의 반대로 시작된 상황은 점점 급박하게 돌아갔다. 그들 중 몇 명은 연판장 서명 추진과 별도로 또 다른 행동으로 자신들의 의사를 표출했다.

은행으로부터 갑자기 전화가 왔다. 은행 직원은 "위원장님"이라고 나의 호칭을 부르더니, 말을 시작하려 했다. 그의 목소리를 듣는 순간, 긴장감이 전해져 왔다. 나는 "무슨 일이세요" 하며, 되물었다. 이에 은행 직원이 대답했는데, 그것은 전혀 예상하지 못한 것이었다.

"몇 분이 와서 대출서류를 찢어버리고 가셨어요. 대출 안 하겠다고 하면서…. 무슨 일 있나요?"

은행 직원의 이야기를 들어보니, 그들은 경영지원본부장과 함께 움직이는 보직 임원들이었다. 그들은 자신들이 나서서 대출을 철회하면 임직원 중에 적지 않은 숫자가 따라올 것으로 생각했던 것 같다.

나는 순간 가만 있으면 안 되겠다고 생각했다. 곧바로 한진중공업홀딩스 M&A 담당 전동수 상무에게 전화를 걸었다. 그는 경영지원본부장과 비슷한 연배로 한진중공업에서 함께 근무해 친분도 있었다.

나는 인사말을 한 다음 정중하게 따져 물었다.

"지금 뭐 하는 건가요?"

아마 전동수 상무는 이 말에 대해 의아하게 생각했을 것이다. 나는 연이어 말했다.

"한진중공업 본사 출신인 경영지원본부장이 인수에 반대하는 연판장을 돌리고 있습니다. 이렇게 되면 인수를 마무리할 수가 없습니다. 당장 경영지원본부장을 경질해 주십시오."

나는 상황을 설명하고, 경영지원본부장의 사직을 요구한 뒤, 직설적으로 물었다.

"한진중공업그룹에서 이런 분위기를 유도하는 건가요?"

그러자 전동수 상무는 머뭇거리지 않고 답했다.

"그렇지 않아요. 이 계약은 반드시 마무리되어야 합니다."

그의 답변에서 거짓이 느껴지지는 않았다. 오히려 그는 "제가 더 알아볼게요"라고 말하며, 사태를 수습하려는 의사를 내비쳤다. 통화 말미에 "최종 매각금액을 낮출 수 있다"는 이야기도 주고받았다. 이런 점에 비춰볼 때, 매각 추진에 대한 한진중공업의 의사는 확실해 보였다. 별도의 부정직한 목적이 있고 그에 맞춰 계획을 추진하는 것은 아니었다.

다음으로 이인제 사장을 찾아갔다. 이인제 사장과 나는 그의 방에서

1대1로 독대했다. 나는 상황을 설명하고, 곧바로 요구했다.

"경영지원본부장을 물러나게 해주십시오."

이인제 사장은 아무런 말도 못 했다. 인수가 시작되었을 때부터 자기의 의사를 피력한 적이 없었는데, 이 입장은 경영지원본부장에 대한 사직을 요청했을 때도 마찬가지였다.

사장실을 나온 후, 곧바로 간 곳은 경영지원본부장이 일하는 곳이었다. 이때도 경영지원본부장과 1대1로 만났다.

"그동안 많이 도와주셨고, 서로 협의도 했는데, 갑자기 왜 이렇게 하시나요."

나는 먼저 고마움을 표하고, 연이어 서운함을 토로한 후, 한진중공업홀딩스 전동수 상무와 이인제 사장에게 "경영지원본부장님의 해고를 요청했다"고 말했다. 순간 그는 움찔했다. 그리고 나는 "우리의 인수는 끝까지 갈 겁니다"라는 말을 덧붙였다.

이후 나는 TF팀을 찾아갔다. 2층 사무실로 가니, TF팀은 다음날 있을 설명회 준비로 회의 중이었다. 눈물이 나오려 했다. 그러나 상황을 공유하고, 대책을 논의했다.

이날 우리는 매각 주관사인 NH투자증권에 요청해 공문 한 장을 빠르게 받았다. 이 공문은 설명회 내 유용한 자료로 사용될 수 있었기 때문이다. 요청한 공문은 주식매매계약이 체결되지 않고, 인수 협상이 깨지면 계약서에 몰취 조항이 없음에도 불구하고 매각 주관사가 그동안 지출한 비용과 기회비용, 자체적인 자금계획 등을 감안할 때 계약금 반환이 원활하지 않을 수 있다는 것과, 바로 새로운 인수자를 선정하기 위한 절차를 진행하겠다는 것이었다.

직원들의 불안감 중 하나는 최종 계약이 불발되었을 때, 계약금 67억이 몰취 되어 그것을 부담해야 한다는 우려도 있었다. 당시 상황으로는 만일 인수참여 의사를 밝혔던 임직원이 탈퇴해 인수가 무산될 경우, 계약 파기에 대한 손해 비용을 탈퇴자들이 전적으로 감수해야 하는 상황이었다. 우리는 그 점을 인식하고, NH투자증권으로부터 설명회 전날 공문을 받았다. TF팀은 이 공문의 내용을 다음날 설명회 때, 임직원들에게 확인해 주고, 그들이 '종업원 인수'에 더 적극적으로 나설 수 있는 분위기를 만들기로 했다.

본부장들의 주도로 작성한 인수를 반대하는 보직 임원의 연판장이 같은 날 오후 사내 인트라넷 게시판에 게시되었다. 이때부터 회사는 갑자기 소란스러워졌다. 임직원들은 월요일에 있었던 보직 임원 대상 설명회가 파행으로 끝났다는 것을 전혀 몰랐다. 항상 회사는 잘 돌아가고, 인수도 순조롭게 되는 줄 알고 있었다. 그러나 설명회가 있다는 TF팀의 공지에 이어 사내 게시판에 보직 임원 명의의 인수 반대 연판장이 올라오자 임직원들은 회사 상황에 대해 혼란을 느끼며 불안해 할 수밖에 없었다.

회사의 상황과 상관없이 설명회는 차질 없이 준비되어야 했다. TF팀에서 준비할 수 있는 시간은 하루 남짓으로 매우 촉박했다. 발표자로 결정된 김한영 부서장은 발표 자료도 본인이 직접 만들겠다고 했다. 시간이 촉박하여 TF팀원들이 자료를 나누어 작성하고 취합, 정리하는 것이 시간적으로나 발표 자료의 일관성 측면에서 오히려 비효율적이며, 발표자가 말하고자 하는 내용을 직접 만들어야 설명회를 더욱 성공적으로 이끌수 있다고 생각했다.

김한영 부서장은 사무실에서 철야 작업을 통해 설명회 개최 3시간 전인 새벽 6시까지 38페이지의 원고를 작성했다. 원고를 파워포인트로 만드는 것은 같은 부서 소속으로 TF팀원이었던 이장원 부장이 맡았다.

그날 새벽 그들은 "어쩌면 이것이 한국종합기술에서 마지막 임무가 될 수도 있고, 상황에 따라서는 회사를 그만둬야 할 수도 있겠다"는 이야기를 나눴다고 한다. 그만큼 상황은 절박했으며 인수 TF팀원들은 본인의 안위보다는 회사를 올바른 방향으로 이끌기 위해 흔들림없이 행동했다.

본부별 설명회 첫날, 감리단으로 보내진 탈퇴 연락

11월 30일 9시 첫 설명회를 교육장에서 시작했다. 첫 번째는 인프라본부였다. 100여 명의 임직원이 모였고, 앞자리에 본부장과 부서장이 앉았다. 김한영 부서장은 사전에 준비한 1인당 질문 2개, 설명이 끝난 후 질문하기 등의 설명회 규칙을 알려주고 발제를 시작했다.

임직원들은 진지했고, 반응도 좋았다. 설명이 끝났을 때, 크게 박수가 나왔다. 이것은 TF팀이 예상하지 못했던 것이었다. 이런 분위기는 이틀 동안 8개 본부로 이어졌다.

설명회는 본부별로 짧으면 1시간 30분, 길면 2시간 동안 진행되었다. 임직원들은 TF팀의 요청에 맞춰 경청하고, 질문했다. 그러나 일부 본부장은 권위로 임직원들을 제압하려 했으나 그렇게 하지 못했고, 또 분위기를 깨지도 못했다. 오히려 그들은 임직원들이 원하는 것이 무엇인지, 그것을 알게 되었다.

목요일 설명회에 참가했던 어떤 본부에서는 본부장이 TF팀과 결이 다른 이야기를 하려는 순간이 있었다. 그때 한 임직원이 "본부장님 그러시면 안 되는 것 아닙니까?"라고, 본부장의 말과 행동을 제지했다.

이런 일은 다른 본부에서도 있었다. 설명이 끝나고, 질문과 답변까지 끝났을 때였다. 본부장이 인사말 삼아 자신의 의견을 이야기하려 할 때였다. 한 임직원이 그에게 날 선 질문을 했다.

"본부장님, 그때(수요일 보직 임원회의) 탈퇴하겠다고 사인하셨네요. 왜 그러셨나요."

순간, 그 본부장은 당황했고, 제대로 된 변명조차 하지 못했다.

오후 설명회 때도 어떤 본부장님의 행동에 대해 임직원들의 반발이 있었다. 설명회가 시작되기 전 아침, 김한영 부서장은 한 통의 전화를 받았다. 설명회 자료를 사전에 미리 달라는 모 본부장의 요청이었다. 계속 "안 된다"며, 거부 의사를 밝혔지만 모 본부장은 "자료를 안 주면 참가하지 않겠다"라는 말까지 하며, 끈질기게 요구했다. 결국 김한영 부서장은 "배포하지 말고 혼자만 보고 오십시오"하며, 설명회 자료를 건네주었다. 그러나 모 본부장의 행동은 약속과 달랐다. 그는 자료를 경영진(본부장들)과 공유했다. 그들은 자료를 분석한 후 대응 방안을 작성하여 설명회에 참석했다. 그러나 TF팀은 사전에 이런 일이 발생할 것으로 예상했다. TF팀은 경영진에게 자료를 넘길 때 민감한 내용은 삭제했다.

사건은 설명회 시간에 있었다. 모 본부장은 설명회 중간에 질문을 했다. 김한영 부서장이 "처음 규칙대로 나중에 해주시죠"라며, 양해를 구했는데도 모 본부장은 아침에 전해준 자료를 들고, 계속 미리 적어온 질문을 읽어 나갔다. 김한영 부서장은 순간 화가 났다. 그는 "지금 뭐 하십니까"라고 반문하며 본부장에게 전달했던 자료를 빼앗았다. 이에 모 본부장은 "너 지금 뭐 하는 거야"라며 날을 세웠다.

두 사람의 대립은 오래 갈 수도 있었다. 그러나 그 대립은 쉽게 끝나고 말았다. 임직원들은 흥분했고, 이렇게 이야기했다.

"본부장님 그렇게 하시면 안 되죠."

설명회 첫날, 경영진(본부장들)은 자신들의 의견을 관철하려 했으나 TF팀의 기민한 대응과 임직원들의 반발로 뜻을 이루지 못했다. TF팀은 한 달 이상 자료를 모으고 토론하며, 사안의 핵심을 파악하고 있었다. 경영진은 직책이 높았고, 선배로서 경험이 많았지만, 그것만으로 종업원 인수라는 이전에 없었던 새로운 상황에서 리더십을 발휘할 수는 없었다.

TF팀은 자료 준비에서도 섬세함을 보여주었다. 설명회 발제문에는 향후 투자 참여자만이 보직 임원이 될 수 있다는 내용이 있었다. 이 점을 설명하자 본부장들은 순간 움찔하기도 했다. 만약 본부장들이 우리 사주조합을 탈퇴하고, 투자자로 참여하지 않는다면 그들은 당장 보직 임원으로서 자격을 상실하게 된다. 일부러 경영진을 의식한 것은 아니었다. 그러나 TF팀의 이 말은 종업원지주제로 전환했을 때 회사의 바뀌는 점이 무엇인지를 보여준 장면이기도 했다.

이날 오후 회사 내에 소문이 돌았다. 탈퇴 권유 연락이 감리단으로 보내지고 있다는 것이었다. 감리단은 업무의 특성상 본사가 아니라 지방 현장에 근무한다. 그런 까닭에 본사에서 어떤 일이 벌어지고 있는지 모른다. 누가 보아도 탈퇴 권유는 경영진(본부장들)에 의해 주도되고 있었다.

그러나 탈퇴 권유는 파장을 만들지 못했다. 이전부터 쌓여온 신뢰가 있었고, 또 첫날 설명회를 통해 왜 우리가 인수해야 하는지, 또 인수의 반대편에 서 있던 본부장들의 생각이 어떤 것인지 임직원들은 정확히 알 수 있었기 때문이다.

아마 경영진은 인수 참여자 800여 명 가운데 100~150명이 빠지면, 50~75억의 자금이 부족하게 되고, 결국 자금조달이 힘에 부쳐 인수 추진이 실패할 것으로 생각했을 것이다. 그러나 우리는 이미 대비를 하고 있었다. 참여자가 부족할 때를 대비해 추가 담보 대출 금액을 준비해 놓았고, 그것을 증명하는 확약서도 받아 놓았다. 우리는 본부별 설명회 때마다 확약서를 보여주며 시작했다.

본부별 설명회 둘째 날, 그리고 반전

12월 1일, 전날에 이어 4개 본부에 대한 설명회가 이어졌다. 이날 설명회는 전날의 결과가 좋았던 탓일까? 어려움 없이 순탄하게 진행되었다. 그런데 이날 오전 한 가지 소식이 들려왔다. 경영지원본부장을 비롯해 3명의 본부장이 한진중공업홀딩스의 요청으로 그룹 본사로 갔다는 것이었다. 후에 들은 이야기에 따르면 3명은 그룹 본사로부터 안 좋은 이야기를 들었다고 한다.

한진중공업홀딩스 입장에서는 우리 회사를 빨리 매각해야 했다. 자금이 부족하면 워크아웃에 들어갈 수밖에 없었기 때문이다. 또 대주단 대표인 산업은행이 계속 매각 성과를 요구하고 있었다. 한진중공업홀딩스 담당자는 3명의 본부장에게 단호하게 말했다.

"매각은 연내에 끝내야 한다. 안 되면 난리 난다."

3명의 본부장은 회사로 돌아왔고, 그들은 나를 불렀다. 경영지원본부장의 방으로 갔다. 그곳에는 경영지원본부장 포함 3인의 본부장이 있었다. 경영지원본부장이 말을 꺼냈다.

"그룹 본사에 다녀왔고, 협상하고 왔다. 인수해야 할 주식을 52%로 줄여왔다. 이제 자금조달 리스크가 사라진 것 같다. 따라서 우리도 참여하겠다."

그룹 본사에서 3명에게 어떤 일이 있었는지 충분히 짐작할 수 있는 상황이었다. 그러나 그들은 인수 대상 주식을 52%로 줄여온 것만 이야기했다. 나는 "알겠습니다. 잘하셨습니다"라고 말한 다음 "그동안 불편한 일이 있었지만 서로 잘해보죠"라고 덧붙였다.

사실 인수금액 조정은 우선협상권을 받은 후부터 계속 추진하고 있었다. 그 결과 인수 대상 주식의 비율을 한차례 줄였고, 당시는 또 한 번 줄이는 협상 과정에 있었다. 따라서, 본부장 3인이 협상해서 인수금액을 줄여왔다는 말을 신뢰하지는 않았다.

나는 다툼보다는 협의와 조정으로 소통하기를 원한다. 개인적으로 싫거나 서로 결이 맞지 않더라도 그가 원한다면 함께 가는 것이 옳다고 생각한다. 그래야 인수 동력을 확보하고, 회사도 잘 될 수 있기 때문이다.

TF팀의 이성적 판단이 중요했다. 특히 11월 27일 보직 임원 대상 설명회가 흔한 말로 난장판으로 끝나고, 1주일 동안 TF팀과 경영진 사이에 큰 싸움이 일어날 수도 있는 상황이었다. 그러나 TF팀은 감정적으로 대응하지 않았다. 나도 당연히 이런 분위기에 함께했다.

모두가 힘을 합하지 않으면 안 되는 시기였고, 보직 임원들의 도움은 필수적이었다. 사실 따져보면 그들은 우리의 선배였고, 그들이 있어, 그때까지 회사가 건전하게 유지되고, 성장해 왔고, 또 그 힘을 기반으로 인수 마무리가 가능했다. 그런 면에서 나는 경영진에게 감사한 마음이다.

다만 '종업원 인수'라는 누구도 경험하지 못한 상황이 나타나자 한쪽은 긍정과 열정으로 임했고, 다른 한쪽은 당황했다. 결국 그것이 소소한 다툼으로 나타나더니, 어느 순간 상대방을 꼭 눌러야만 하는 전쟁 같은 관계로 발전했다. 보직 임원들은 인수 후에도 계속 회사에 다녔다. 때론 우리 사이에 약간의 앙금이 남아있었지만 서로 평탄하게 회사 생활을 유지했고, 또 선배님들은 명예롭게 퇴직했다.

많은 사람이 자신의 목표가 세워지면 그에 맞춰 주변에 영향력을 행사하고 싶어진다. 정도의 차이가 있지만, 이것은 누구나 갖게 되는 유혹이라 생각한다. TF팀이 활동하는 동안 나는 그렇게 하고 싶지 않았다. 돌아보면 이런 기조는 끝까지 잘 지켜졌다고 생각한다.

장근 팀장에 따르면, 종종 중요한 결정이 있을 때마다 나와 상의했다고 한다. 나의 기억에는 그런 사실이 인상 깊게 떠오르지 않는다. 왜일까? 내가 장근 팀장님의 의견을 경청하지 않아서였을까? 그건 아니다.

나는 장근 팀장과 TF팀을 믿었다. 장근 팀장과 TF팀에서 어떤 결정을 내렸을 때, 당연히 옳은 결정을 내렸을 것으로 생각했고, 인수과정에서 내가 해야 할 역할만 충실히 하고자 했다. 인수 팀이 꾸려졌을 때, 장근 팀장과 나 사이에 다음과 같은 일화가 있었다. 그때가 어느 날 인지 기억이 정확하지 않지만, 나는 장근 팀장에게 이렇게 말했다.

"인수자금은 어떻게든 마련하겠습니다. 임직원들과 잘 갈 수 있게만 해주십시오."

그 순간 장근 팀장은 긍정의 의미로 웃음을 지었다.

인수 팀은 12월 11일까지 필요한 자료를 만들었다. 12월 15일이 최종 계약일이었기 때문이다. 인수가 종료되면 곧바로 새로운 거버넌스가 작동해야 했다. 그렇지 않으면 인사, 퇴직은 물론 회사의 모든 분야에서 혼선이 생길 수 있었기 때문이다. 12월 15일 잔금을 지급하고 최종 주식 매매를 완료했다. 그 이후 KECC 대표이사와 홀딩스 이사회 선거가 있었다. TF팀은 이때까지 선거관리위원회로 활약했다.

마침내 최종 계약

TF팀 결성을 논의한 9월 14일 '우리사주조합 1차 임시대의원회의' 즈음부터 12월 15일 주식매매를 마무리했던 날까지, TF팀 활동과 별도로 자금조달, 인수주식 협의와 계약서 수정, 대출 실행, 계약금 지급, 설명회 등 다양한 사안이 있었다.

TF팀 구성과 이후 11월 마지막 주처럼 심한 갈등이 있었던 것은 아니었지만 실무적으로 할 일이 많았다. 그 일들은 기본적으로 성실함을 요구했지만, 때론 가슴 졸이게 했고, 숨 가쁘게 달리게 했다.

9월 초 케이프투자증권으로부터 한 통의 전화를 받았다. 우선협상권을 받은 지 얼마 되지 않았을 때였다. 케이프투자증권의 담당자는 안면이 있었던 사람이었다. 그는 6월 중순 우리에게 투자확약서(LOC)를 발급해주었던 메리츠증권의 담당자를 처음 만났을 때, 함께했던 사람이었다. 그날 그는 인수금융 구조를 자문해 주었다.

그는 전화로 "메리츠증권의 투자안은 이자율 등 조건이 너무 높다"라며 만나기를 원했다. 나는 그를 만났고, 그들의 제안을 받았다. 누가 보아도 그가 제시한 안은 메리츠증권의 안보다 좋았다. 최종적으로 인수금융은 케이프증권을 통해 이뤄졌다.

직원들의 불안감은 있었다. 그러나 우리는 계속 나아갔다

앞쪽 "3장 노동자가 회사를 샀다"의 '흔들리는 마음'에서 말했던 것처럼 9월에 임직원들은 대출을 실행해야 하는 상황이 되자 고민이 많아지기 시작했다. 이들 중 일부는 대출서류를 작성하는데 망설였다. 최용준 사무국장에 따르면 노동조합 사무실로 문의가 많았다고 한다.

"출자금은 이상이 없나요? 원금은 보존되는 거죠?"

더 좋은 회사를 만들어보자는 말과 현실에서 돈이 들어가는 문제와는 차원이 달랐다. 참여의향서를 받고, 최종 확약서를 받았음에도 불구하고, 초기 대출실행 비율이 올라가지 않았다.

그래서 "서둘러 달라"며 임직원들을 독려했다. 또한 임직원의 30~40%가 본사가 아닌 외부에 근무하고, 그들 중에 적지 않은 숫자가 지방 현장에서 있는 점을 고려해 별도의 대출 실행 계획을 짰다. 광주의 경우, 하나은행 광주지점의 협조를 받아 해당 지역 임직원들에게 대출 편의를 제공했다. 또 최용준 사무국장은 하나은행 직원과 함께 2주 가까이 직접 지방 출장을 갔다. 근무자가 1인이 있는 경우는 업무의 효율상 방문하지 못했지만, 최소 5명 이상이 근무하는 곳은 직접 찾아가 설명하고, 대출서류를 받았다. 임직원들은 대체로 협조를 잘해주었다. 그러나 일부 임직원들의 얼굴에는 불안감이 서려 있었다. 또한 의지와 확신보다 물음표이거나 심한 경우 의심이 가득했다.

실제로 소수지만 대출서류 작성 바로 다음 날 은행에 전화해 대출을 철회하는 분도 있었다. 일부에서는 이 상황에 대해 걱정했다. 그러나 나는 크게 걱정하지 않았다.

첫째, 임직원들이 약속한 것이니 지킬 것으로 생각했다. 논리적으로 보았을 때도 인수는 갈 수밖에 없는 길이었고, 또 타 기업 인수 등 다른 길보다 리스크가 확연히 작은 길이었다.

둘째, 임직원 출연금이 부족하면 그것을 메꾸는 데 필요한 추가 차입이 가능하다고 생각했다. 실제로 그 준비를 하고 있었다.

그러나 우리는 문제가 없을 겁니다. 잘 될 겁니다'라는 희망의 메시지 밖에는 전달할 수 있는 것이 없었다. 무턱대고 100% 확신에 차서 '하나도 문제없다. 잘못되면 제가 책임지겠습니다. 무조건 해야 합니다'라는 말까지 할 수는 없었다.

아파트에 입주할 때 담보 대출을 받듯이 부스를 만들어 놓았다. 9월 18~20일 하나은행은 3일 동안 우리 회사로 출장을 나와 2층 회의실에서 대출서류를 받았다. 800여 명의 서류를 작성하고, 사인을 받다 보니, 별도로 아르바이트를 고용해 할 정도였다.

9월 20일, 9월 11일에 보낸 「한국종합기술 대주주 지분 매각 계약 관련 특별 검토 요청」 공문에 대한 답변을 접수했다. 한진중공업홀딩스는 매매대금을 665억에서 600억으로 조정하는 것은 현실적으로 불가능하다고 답했다. 그러나 그들은 우리의 요구를 완전하게 외면하지 않았다. 그들은 한 가지 여지를 두었다. 공문 3번 항목에 "일부분의 조정은 고려하고 있다"고 언급했다.

다음 날인 9월 21일, 나는 한진중공업홀딩스 임원에게 전화해 조정금액이 얼마인지 확인했다. 그는 그 금액은 12~13억(주식 담보설정액 300억에 대한 1년 치 이자율을 4~5%로 잡았을 때 금액)이라고 밝혔다.

매매대금을 줄이는 것은 무엇보다 중요했다. 나는 빠르게 대응했다. 9월 22일 우리사주 조합장 명의로 「㈜한국종합기술 주식매매계약 관련 회신에 대한 답변」이란 제목의 공문을 보냈다. 나는 공문을 통해 조정 가능 금액을 12~13억에서 24억(주식 담보설정액 300억에 대한 1년 치 이자율을 8%로 잡았을 때 금액)으로 증액해 달라고 요청했다.

전날인 9월 21일 한진중공업홀딩스 임원에게 확인한 바로는 조정 가능 금액이 12~13억이었는데, 나는 이에 만족하지 않고 조정 가능 금액을 24억으로 올려 요청했다.

9월 26일 오전 9시 '우리사주조합 2차 임시대의원대회'가 2층 대회의실에서 있었다. 이날 회의에서는 앞쪽 "3장 노동자가 회사를 샀다" 중에 '인수 TF'에서 말했듯이 "먼저 인수가 어떻게 진행되고 있는지"에 대한 경과보고가 있었고, 주요하게는 "TF팀을 어떻게 구성할 것인지"를 두고, 회의 참가자들 사이에 고성과 거친 말들이 오고 갔다.

또한 이날 회의에서는 TF팀 구성과 별개로 자금조달이 어떻게 진행되고 있는지를 보고 했다. 지분인수 필요자금으로 660억을 설정하고, 이중 400억은 임직원 참여, 나머지 260억은 한국종합기술홀딩스가 소유하게 될 주식 담보 대출로 확보할 계획임을 밝혔다.

참여 인원 현황(9월 25일 기준)

구분	인원(명)
확인 및 동의서 제출	831명
대출 서류 작성	721명
현금 납부 완료(예정 포함)	23명
동의서 제출 인원 중 대출서류 미제출	110명

서울보증보험을 통한 개인별 대출 5,000만 원 외에 추가로 2,500만 원의 대출을 개인별 형식으로 진행하는 것은 검토조차 하지 않았다. 인수 기간 계속 있었던 이야기지만 현실적으로 5,000만 원 대출도 부담스러운데, 추가로 2,500만 원을 대출받도록 하는 것은 임직원들의 심

적 부담을 키우는 결과였다. 이에 한국종합기술홀딩스를 설립해 임직원들의 부담을 받아 안으려 했는데, 이 결정 사항이 회의자료에 반영이 된 것이다.

참여 동력은 우선협상권을 받기 전보다 살짝 떨어진 상태였다. 「확인 및 동의서」 제출 인원은 831명으로 7월 11일에 「우리사주조합 출연 확약서」를 제출했던 임직원 숫자 921명에 비해 수적으로 90명, 비율로 10.8%가 줄었다. 그러나 9월 4일 「출연 확약서 및 동의서」 제출 인원 807명과 비교해 24명, 비율로 3%가 늘었다. 우선협상권을 받은 이후, 현금 출연이 시작되자 임직원 일부의 동요가 생겨났지만, 그것은 크게 확대되지 않았고, 8월 중순 이후 3차례 설명회와 9월 14일 우리사주조합 1차 임시대의원대회를 거치면서 긍정의 힘으로 모아지고 있었던 것으로 보인다.

그러나 9월 25일 당시 「확인 및 동의서」 제출 인원 831명 중에 대출서류 미제출 인원이 110명으로 자금조달을 100% 완료하지 못한 상태였다. 정확히 알 수 없으나 110명 중에는 개인 자금 사정을 비롯해 '종업원지주제에 참여할 것인가? 아닌가에 대한 근본적 고민, 퇴사 고민 등 다양한 이유가 있었을 것이다.

그러나 전체적인 임직원들의 열기는 매우 높았다. 1,100여 명의 임직원 중에 80%에 가까운 831명이 참여한다는 사실이 그것을 증명한다. 어떤 집단에서 참여율 혹은 동의율이 80% 이상이 된다는 것은 사실상 100% 동의라고 보아도 무방하기 때문이다. 개인적이거나 특별한 사연이 있는 사람을 제외하고, 모두 참여한 셈이다. 9월 25일 당시 확보한 자금은 339억 7천만 원으로 700명이 하나은행 대출로 출자했고, 8명이 현금으로 직접 출연했다.

자금조달에 대한 긴장감이 생길 수 있는 수치는 아니었다. 또 시간의 문제이지 참여 의사를 밝힌 임직원들이 철회하리라 생각하지 않았다. 그러나 모든 것은 미리 준비해야 하므로 되도록 빠른 시간 내에 자금조달이 마무리되도록 노력했다.

자금 확보 현황(9월 25일 기준)

구분	인원(명)	금액(원)
하나은행 대출	700	33,570,000,000
현금 출자	8	400,000,000
합계	708	33,970,000,000

9월 27일 매각 주관사인 NH투자증권으로부터 '주식매매계약 체결 일정 통지'와 관련한 공문을 접수했고, 우리는 '우리사주조합 명의 계약 체결 조건 및 일정'과 관련한 공문을 발송했다.

최종 주식매매계약 체결이 다가오면서 서로의 의사는 물론 일정을 명확히 하기 위한 공문이 계속 오고 갔다. 일의 중심은 우리사주조합이었다. 당시 공문은 우리사주조합 명의로 발송되고, 받을 때도 우리사주조합으로 받았다. 이렇다 보니 공문은 주로 내가 작성했다. 공문의 형식을 맞추기 위한 말과 인사말을 제외하면 핵심 내용은 몇 줄에 불과했다. 그러나 한마디, 한 줄, 단어 하나가 신경 쓰였다. 어떤 행동을 취하고, 말을 하느냐에 따라 인수금액이 차이가 날 수 있다. 그런 일은 없었지만 당시 인수의 총괄 책임자 입장에서 만에 하나 일을 그르치면 안 되었기 때문이다.

9월 28일, '우리사주조합 긴급 대의원회의 및 조합원 설명회'가 있었다. 9월 29일, 주식매매계약을 체결하고, 계약금 60억을 납부했다. 나는 최용준 사무국장과 함께 법률 주관사인 법무법인 세종으로 갔다. 한진중공업홀딩스에서는 심우찬 대표이사와 관계자들이 왔으며, 매각 주관사인 NH투자증권의 관계자도 참석했다. 계약은 양쪽을 대표해 나와 심우찬 대표이사가 도장을 찍었다.

10월 12일, '우리사주조합 3차 임시대의원 대회'가 열렸다. 진행 상황과 향후 일정을 공유했으며, TF팀 구성과 인수자문사 선정 논의가 있었다. 앞쪽 "3장 노동자가 회사를 샀다" 중에 '인수 TF'에서 말했듯이 사실 이날의 주요 의제는 'TF팀 구성을 어떻게 할 것인가'였다. 또한 기타 안건으로 우리사주 조합 비용 입금/지급 절차의 메뉴얼화 논의를 했다. 사실 국회 기자회견, 청와대의 우리사주조합 담당 행정관 방문, 인수 계약 협의 및 체결, 자금조달 등 인수의 많은 과정이 우리사주조합의 이름으로 추진됐다. 실제 그 과정에서 비용이 많이 나갔다. 그렇다보니 그 비용 중에 일정 액수를 사비로 쓸 수 밖에 없었다.

10월 25일, '㈜한진중공업 지분 매각 거래종결 준비 관련 회신' 공문을 보냈다. 한진중공업홀딩스가 중도금 지급을 요청했다. 이에 우리사주조합이 인수 TF팀을 발족시키고, 자문기관까지 선정해 인수 업무를 이상 없이 진행하고 있으므로 "계약이 잘못될 가능성이 없음"을 먼저 이야기하며, "계약 불발에 대한 우려 때문에 중도금을 요청하는 것이라면, 그렇게 하지 않아도 된다"라고 안심시켰다. 또 중도금은 계약서에 명시되지 않은 것이라 "중도금 지급 건은 계약서 변경이 필요하다"는 점도 상기시켰다.

11월 8일, '우리사주조합 5차 대의원회의'가 오후 2시, 2층 대회의실에서 열렸다. TF팀과 인수자문사 딜로이트의 업무보고, 임직원 투자자금 현황 보고가 있었다. 10월 25일부터 시작된 TF팀의 활동은 신뢰를 주었기에 특별한 논의가 필요하지는 않았다. 또 우리사주조합이 아니라 한국종합기술홀딩스로 인수하는 안이 이날 대의원대회에서 정식으로 통과되었다. 우선협상권을 받은 후, 모든 것은 순조롭게 진행될 줄 알았다. 그러나 막상 임직원들이 돈을 마련해서 출자할 시점이 되자 일부에서 동요가 있었고, 그것은 인수 동력이 떨어지는 것으로 나타났다. 원인은 출자금 대출방식 때문이었다. 임직원들은 서울보증보험의 보증으로 5,000만 원을 개인별로 대출받았는데, 필요에 의해 1인당 2,500만 원의 추가 대출방식 이야기가 나왔다. 이때부터 임직원 사이에서 말이 나오기 시작했다.

"처음과 말이 다른 것 아닌가요?" 또는 "5,000만 원 떼이는 것은 아니죠."

결국 10월 중후반에 추가적인 자금조달은 임직원 개인에게 부담시키지 않기로 후반에 비공식적으로 결정했고, 대안으로 특수목적법인(한국종합기술홀딩스)을 세워, 그 법인이 추가 대출금을 부담하도록 하는 방식으로 설계했다. 11월 24일 한국종합기술홀딩스를 설립, 등록했다. 이 안은 합리적이었다. 이 안은 송호연 이사, 최용준 사무국장과 논의하며 결정해 나갔고, TF팀도 인수 자료를 바탕으로 "한국종합기술홀딩스를 설립하는 것이 좋겠다"는 판단을 내려 주었다.

이자 비용을 줄이려는 마음에 가슴 졸이다

12월 12일, 주식 매매계약 변경합의서에 사인했다. 주식 보유량은 주주권을 안정적으로 행사할 수 있는 범위인 50%를 넘기면 충분했다. 그 이상을 가지고 있으면 좋지만, 인수자금이 여유롭지 않은 상황에서 과반을 크게 넘기는 범위까지 주식을 매수할 필요가 없었다. 우선협상권을 받은 후부터 계속 매수대금을 줄이기 위한 협상을 했는데, 노력의 결과 매수 대상 주식의 양을 줄일 수 있게 되었다.

9월 29일 주식 매매계약을 체결할 때, 우리사주조합이 인수해야 하는 주식은 6,744,605주, 금액으로 600억 6,080원, 전체 주식 대비 지분율은 61.6%였다. 그러나 3개월 이상의 긴 협상 끝에 매수 주식은 5,695,095

주, 지분율은 52.01%로 줄이게 되었다. 금액으로 506억 6,356만 5,120원으로 원래 주식 매매계약 금액에 비해 93억 3,644만 960원을 낮추었다. 이 금액이라면 인수 예상 금액 약 600억에서 15%의 부담을 줄이게 된 셈이다. 임직원의 출자금 외에 필요한 대출 금액이 낮아져 부담도 적어졌다.

12월 13일 나는 가슴을 졸일 수밖에 없었다. 정해진 날짜까지 임직원들이 출자한 380억 원이 계좌에 입금되어야 150억 원 대출이 실행된다. 이렇게 금액이 모이면 이 돈으로 잔금을 입금해야 최종 매매계약이 마무리된다.

그런데 변수가 생겼다. 하루라도 이자 비용을 아끼고 싶은 마음이 들었다. 그래서 12월 15일 잔금 지급일에 맞춰 임직원들의 출자금을 모아내는 것으로 계획했다. 정확히 기억은 안 나는데, 최종 계약체결 이틀인가, 3일 전까지 임직원들이 출자금을 내도록 했다.

돌아보면 1주, 적어도 2주 정도는 여유 있게 출자금을 마감해야 했다. 그런데 일은 그렇게 진행되지 않았다. 최종 계약체결일이 임박했을 때까지 출자금이 언제, 얼마까지 들어오는지 확인하면서 가슴 졸여야 했다.

최종적으로 5억이 초과한 385억의 출자금이 모였고, 우리는 케이프투자증권으로부터 당초 150억에서 5억이 줄어든 145억을 대출받았다. 우리는 이 금액으로 잔금을 납부했다. 사소해 보일 수도 있지만, 대출을 미리 실행하지 않아 큰 계약에 문제가 생길 수도 있었는데 천만다행이다.

법무법인 방문, 주식 인수 완료

12월 14일 사무실에서 은행과 통화를 했다. 그리고 케이프투자증권과 대출 약정을 맺었다. 적은 금액이 오갈 때도 계약서가 필요한 일이다. 그런데 145억 원을 주고받아야 하니, 그 절차는 더 복잡하고, 신경을 많이 쓸 수밖에 없었다. 이때 서류를 확인하고 법률 자문을 받아 다수 서류에 도장을 찍다 보니, 하루가 지나간 기억이 난다.

12월 15일 최종 잔금 지급 및 양도 계약을 체결했다. 원래 계약이 마무리되면 홀가분함과 함께 성취의 기쁨이 찾아온다. 그리고 그 감정은 오랜 시간 동안 한 조각의 강한 기억으로 남는다. 그러나 이날에 대한 나의 기억은 바쁨이다. 전날 자금을 준비하고, 필요 서류를 마련해 놓았는데도 일을 계속할 수밖에 없었다.

이날의 일정은 일상적인 것이 아니었다. 모든 것이 처음 겪어보는 것이었다. 한국증권금융에 요청해 타임테이블을 받았고, 그에 맞춰 최용준 사무국장과 함께 움직였다.

오전 10시 계약 장소인 법무법인 세종에 갔다. 사무실은 충무로 스테이트타워 빌딩으로 계약 장소인 방은 넓은 창문이 있어 창밖의 풍경이 파노라마처럼 보이는 곳이었다. 최용준 사무국장을 포함해 나까지 3명이 함께 갔다. 한진중공업홀딩스 측도 심우찬 대표이사, 전동수 상무 등 3명이 왔다. 또한 매각 주관사인 NH투자증권 담당자도 왔다.

나는 가볍게 인사하고, 안부를 주고받고, 몇 마디 말을 나눈 후 최종 잔금을 전송했다. 이것으로 주식 인수는 종료되었다. 그러나 모든 일이 끝난 것은 아니었다. 오후에는 증권예탁원에 갔다. 주식 양수, 양도 서류를 작성하고, 계속 기다리며 주식이 입고 되는 것을 최종적으로 확인했다. 이날 모든 일이 끝난 것은 오후 4시 무렵이었다.

최종 주식매매 거래를 완료했다는 소식이 알려진 후, 회사에서는 그에 대한 기쁨의 공유가 있었다고 들었다. 나는 TF팀 김한영 부서장에게 주식 매수를 완료했다는 말을 전했다. 그 순간 김한영 부서장은 가슴에 자리 잡고 있던 묵직한 것이 내려가는 느낌을 받았다고 한다. 다음 순간 긴장이 풀린 탓일까? 피곤이 몰려왔다고 한다. 그는 곧바로 휴식을 취하고 문밖으로 나갔다. 그런데 어떤 직원이 다가와 "고생하셨습니다"라고 말했고 또 어떤 직원은 과일로 "고마움"을 대신하기도 했다. 김한영 부서장은 그때 정말 피곤이 사라지는 느낌을 받았다고 한다.

눈앞으로 지난 일이 주마등처럼 스쳐 지나갔다. 8월 16일 우선협상권을 받았을 때 '성공했구나'라는 성취감이 크게 들었다. 내가 생각했던 방향을 제시하고, 공감대를 만들고, 외부적인 도움도 받아내고, 노력을 통해 우선협상권을 받아냈으니, 이런 감정은 자연스러운 것이었다.

그러나 이후 4개월 동안은 우선협상권을 받아내는 것보나 '디 힘들었다'라는 생각도 들었다. 설명회를 비롯해 다양한 방식으로 인수과정에서 벌어지는 일과 인수 이후 미래 비전을 알렸는데도 불구하고, 크고 작은 난관은 물론 의견 충돌이 발생했다.

    그런 탓일까? 두려움도 생겼다. 회사는 인수했는데, 실적이 나빠지면 어떻게 하지, 나는 당연히 그 책임에서 자유로울 수가 없는데…. 두려움, 책임감, 압박감이 생겼다. 또한 우선협상권을 받은 후, 한때 동요했던 임직원들과 자신들의 방식으로 경영을 하려고 고집을 세웠던 본부장들의 모습을 보면서 돈에 대한 무거움, 경영을 잘해야 한다는 목표 의식도 생겨났다.

4

종업원지주제, 누구나 1/n의 권리 갖기

상장사 최초, 소유와 경영의 분리

　나는 노동조합 위원장 시절 엔지니어링 업계의 기업이 폐업하고, 주인이 바뀌는 과정을 지켜보면서 오너리스크라는 단어를 접했고, 그 뜻의 심각성을 이해할 수 있었다. 해당 법인의 주식 100%를 소유하지 않은 오너와 법인(기업)의 이해관계는 언제나 일치하지 않는다. 오너는 법인을 위한 결정보다 자신에게 유리한 결정을 하는 경우가 흔하게 발생하는데, 이때 결정을 바로 잡아줘야 하는 곳이 이사회다.

　그러나 현실은 이상과 다르다. 결정은 이사회가 하지만 실제는 오너의 영향력이 작용한다. 오너의 결정에 이사회라는 포장이 씌워지는 것이다. 결국 이런 결정으로 법인은 물론 임직원들에게 피해가 전가된다. 오너의 잘못된 결정을 막으려면 어떻게 해야 할까? 핵심은 '법인의 이사회를 어떻게 구성하고, 누구를 선임하느냐'이다.

　2017년 12월 15일 한진중공업홀딩스에 최종적으로 잔금을 지급하고, 한국종합기술의 주식을 넘겨받은 후, 그해 3월부터 시작된 인수라는 대장정이 마무리되었다. 그러나 그것은 끝이 아니었다. 그다음 과제가 우리를 기다리고 있었는데, 그것은 거버넌스(지배구조. 기업 경제활동의 단위를 둘러싼, 여러 이해 당사자들 간의 관계를 조정하는 메커니즘.) 구축이었다. 얼핏 보면 인수보다 쉬운 것이 거버넌스 구축이라고 말할지 모르겠다. 그러나 우리의 거버넌스는 기존의 주식회사의 그것과는 달라야 했다. 바꿔 말해 이전에 없었던 기업 정관과 규칙을 마련해야 했는데, 그 길은 누구도 가보지 않은 길이라 쉽지 않았다. 이런 점에서 거버넌스 구축은 인수과정보다 더 힘든 일인지도 몰랐다.

임직원 대부분이 소유주이자 월급을 받는 종업원이며, 노동조합원이기도 한 구조에서 거버넌스의 핵심은 소유와 경영의 분리였다. 이를 위해 TF팀과 인수자문사 딜로이트는 KECC(Korea Engineering Consultants Corp, 한국종합기술의 영어 약자) 인수 참여 임직원 규약, KECC홀딩스 정관, 주주규약, 이사회 운영 규정, 선거관리 규정 등을 제정했고, 최종적으로 이러한 규약과 규정을 출자자의 투표로 확정했다.

소유와 경영의 분리는 쉽지 않은 일이다. 한국 사회에서 재벌의 2세, 3세 경영이 논란의 중심이 된 지는 꽤 오래되었다. 창업주는 스스로 능력을 증명했지만, 2세와 3세 오너들 중에는 그렇지 못한 경우가 많다. 그러나 그들은 창업주의 아들, 손자라는 이유로 최대 주주로서 오너이자 대표이사가 되었다. 소유와 경영이 분리되지 않고, 계속 대물림 되는 셈이다.

검증 안 된 대표이사는 때때로 잘못된 판단으로 기업에 손해를 끼치거나 심한 경우 부도, 혹은 사회적, 도덕적 물의를 일으키기도 한다. 그런데도 국가적인 차원에서 소유와 경영의 분리를 강제하지 못하고 있다. 그러나 한국종합기술은 소유와 경영의 분리를 해냈다. 어떻게 했을까? 우리만의 방법을 소개해 본다.

우리 회사의 소유주는 임직원 830여 명

2017년 12월 최종 인수 참여 임직원은 830여 명이었다. 당시 어떤 임원은 여유가 있는 임원급에서 더 많은 돈을 출자하자고 제안하기도 했다. 실제로 5억에서 10억까지 출자하겠다는 임원도 있었다. 당시 인수자금은 크게 부족했다. 그런 상황에서 주식을 담보로 인수 비용을 차입하기 위해 동분서주하던 나에게 5억에서 10억까지 출자하겠다는 임원의 발언은 달콤함으로 다가왔다.

그러나 나는 그 의견을 수용하지 않았다. 우리는 인수를 추진하면서 '동등한 출자를 통한 민주주의 접목'(태어나는 것과 동시에 국민으로서 동등한 권리와 의무를 가지듯이 1인당 5,000만 원을 출자하고 주주가 되면, 주주로서 누구나 동등한 권리와 의무를 갖는다는 의미. 일반적인 주식회사 규정에 따르면, 한 주라도 주식을 더 가진 주주가 더 많은 권리를 행사할 수 있는데, 한국종합기술은 그것을 사전에 방지했다. 예를 들면 한국종합기술과 한국종합기술홀딩스의 대표를 선출할 때, 5,000만 원을 출자한 주주라면 누구나 1표를 가지게 된다. 출자자 중에 2표 이상을 행사할 수 있는 사람은 없다.)이라는 원칙을 세웠는데, 만약 5억에서 10억까지 출자하겠다는 임원의 발언을 수용한다면, 그 기준은 의미 없는 선언이 될 수밖에 없었다. 게다가 '동등한 출자를 통한 민주주의 접목'이라는 원칙은 나 이외에도 다수가 공유하는 큰 이상이었는데, 그 이상을 첫발을 내딛기도 전에 포기할 수는 없었다.

인수과정의 고비마다 중요한 의사결정에 함께했고, 종업원지주제에 관심이 많았던 송호연 이사도 종업원지주제 회사로서 진정한 정체성을 유지하려면 1인당 투자금을 1/n 금액인 5,000만 원으로 제한해야 한다는 것을 강력하게 지지해주었다.

2000년 이후 몇몇 기업이 종업원지주제를 주창하며 등장했다. 어떤 기업은 주요 임원이 딸의 결혼 준비금까지 투자해 회사를 살렸다며, 자신의 무용담을 언론 인터뷰를 통해 말했다. 이 회사는 임원 외에도 다수 직원이 투자에 참여했다. 그러나 시간이 흐른 후 진정한 의미의 종업원지주제는 사라졌다. 가장 투자를 많이 한 임원이 의사결정의 주요 주체가 되었고, 회사의 경영방침에도 다른 임직원들보다 그의 의사가 더 크게 반영되었다. 그가 가장 많은 지분을 가지고 있었기 때문이다.

또 어떤 회사는 모기업이 1개의 파트를 독립, 분리시키고, 자연스럽게 이들을 감원하려 했다. 이때 파트의 구성원들이 돈을 모아, 독립된 파트를 매수했다. 그리고 종업원지주제를 표방했다. 그러나 이 회사도 진정한 의미의 종업원지주제는 오래가지 못했다. 가장 많이 투자한 사람이 결국 의사결정의 주요 주체가 되었기 때문이다.

내가 생각하는 종업원지주제는 임직원들이 회사의 주식 일부를 소유하는 것을 넘어 임직원 모두가 주인이고, '동등한 출자를 통한 민주주의 접목'이라는 원칙이 구현되는 것이다. 이런 점에서 출자금의 차이는 임직원 간의 차이를 낳고, 결국 기업의 의사 결정 과정에서 누군가는 배제될 수밖에 없다.

이런 점에 비춰보면 모두의 출자금을 1/n로 나누고, 그에 맞춰 1인 1표로 의사결정에 참여하게 하는 것은 매우 잘한 결정이다. 결과적으로 특정 개인의 발언권이 강해지거나, 특정 개인이 주식을 매수해 사유화할 수 있는 구조를 원천적으로 차단한 셈이다.

선거로 선출하는 경영대표와 주주대표

일반적으로 주식회사의 대표이사라면, 그는 최대 주주이거나 최대 주주가 이사회와 주주총회를 통해 임명한 사람이다.

주식회사의 대표이사는 기업의 발전과 주주 전체의 이익을 위해 일해야 한다. 그는 기업 내부는 물론 대외적으로도 그렇게 말한다. 그러나 어느 순간 대표이사는 최대 주주라는 한 명의 개인을 위해 경영방침을 정할 수밖에 없고, 이것은 현재 대한민국의 주식회사에서 나타나고 있는 현상이다.

이런 점에서 우리 회사는 일반적인 주식회사와 큰 차이가 있다. 우리 회사는 경영을 책임지는 한국종합기술의 대표이사와 주주 참여자를 대표하는 KECC홀딩스(한국종합기술홀딩스) 대표이사가 있다.

두 대표이사는 최대 주주라서 혹은 다른 임직원들에 비해 한 주라도 더 많은 주식을 가지고 있어서 대표이사가 된 것이 아니다. 두 대표이사의 주식 보유 금액은 현재 1,080여 명의 출자임직원들과 동일한 5,000만 원이다.

두 명의 대표이사는 출자임직원 전체가 참여하는 선거에서 직접 투표로 선출한다. 대통령 혹은 국회의원은 국민의 직접 투표로 선출되며, 이에 따라 그들은 유권자인 국민의 목소리에 충실해야 하며, 이들의 이익을 위해 노력한다. 이들은 자신의 이익은 물론 특정 개인, 집단의 이익을 대변하지 않는다. 만약 이것이 지켜지지 않을 경우, 재선이 안 되거나 심한 경우 탄핵소추를 받아 임기를 중도에 마쳐야 한다.

KECC홀딩스와 한국종합기술의 대표이사도 마찬가지이다. KECC홀딩스의 대표이사는 자신을 뽑아준 출자임직원을 대변하며, 이들의 이익을 위해 회의에 참여하고, 업무를 펼친다. 한국종합기술의 대표이사도 마찬가지이다. 그는 자신을 뽑아준 출자임직원 및 전체 한국종합기술의 임직원, 그리고 일반 주주를 위해 영업 수주 활동을 펼치고, 인사, 재무 등 회사의 전반적인 업무까지 책임진다.

KECC홀딩스와 한국종합기술의 대표이사가 만든 성과와 경영방식은 스스로도 평가해야 하지만 최대 주주이자 종업원이기도 한 출자임직원의 평가를 받는다. 그 방식은 출자임직원이라면 누구라도 출마할 수 있고, 어떤 주장이라도 할 수 있는 공간인 투표라는 민주적인 방식을 통해 최종 결정된다. 어떤 개인이 한국종합기술을 사유화할 수 없고, 그 연장선상에서 소유와 경영이 분리될 수밖에 없는 이유이다.

KECC홀딩스와 한국종합기술 대표이사의 임기는 모두 3년이며, 누구라도 출마할 수 있다. 또한 한 번의 임기를 마친 후에도 재선에 나설 수 있다.

종업원지주제 회사의 대표이사는 어떤 사람일까

2017년 12월 15일까지 우리 회사의 대주주는 지분 67.05%를 소유한 한진중공업홀딩스이고, 이 중에 한진중공업홀딩스 지분 46.5%를 소유한 조남호 회장이 오너로서 최종적인 의사결정권자였다.

2014년 상일동에 새 사옥을 지었는데 가장 높은 곳인 15층의 절반을 조남호 회장의 방으로 꾸몄다. 새 사옥 입주 이후부터 2017년 매각 때까지 4년의 기간 동안 그의 방문 횟수는 한두 차례였던 것으로 기억한다. 나는 노조위원장이란 직책에 있었음에도 그의 얼굴을 보거나 인사를 나눌 기회는 없었다.

그러나 조남호 회장은 등기이사로서 고액의 급여를 받았다. 이뿐만 아니라 본인이 희망하고 개인적으로 사용하는 차량 구매에 한국종합기술 법인의 돈을 사용했다. 미술품 구매도 그러했다. 자신이 원하는 어떤 그림을 회사 자금으로 구매했지만, 회사에서 그 미술품을 본 사람은 없었다. 인수 후 회사의 자산 목록에는 분명히 존재했지만, 결국 찾지 못했다. 들리는 이야기를 종합하면, 그는 비도덕적이거나 막무가내인 사람은 아니었다고 한다. 그러나 그는 오너였고, 그에 따른 리스크가 분명히 한국종합기술에 영향을 주고 있었다.

인수 전까지 회사의 수주, 영업 등 외부 활동 외에 다수의 중요한 의사결정은 대표이사와 본부장 8명이 참가하는 경영진 회의를 통해 이루어진다고 알려져 있었지만, 실제 이 회의 중심은 경영지원본부장이었다. 이 사실은 누구나 아는 이야기다. 경영지원본부장은 매월 열리는 그룹의 재무 회의에 참여했다. 그는 그룹과 소통하는 유일한 창구였기에 그의 의견은 그룹의 의견이자, 조남호 회장의 의견으로 받아들여졌다. 사실상 경영지원본부장은 실세였다. 기안의 최종 결제는 대표이사가 했지만, 그룹 본사 비서실의 동의 없이는 대표이사가 결제할 수도 없었다.

인수 전 한국종합기술의 대표이사는 조남호 그룹 회장은 물론 경영지원본부장보다 영향력이 작았던 셈이다. 또 우리 회사의 대표이사는 조남호 회장이 임명하는 사람으로 흔히 말하는 가신이거나 공을 세운 사람이었다. 1994년 한진그룹의 계열사로 편입된 후 김정웅, 이강록, 송화영 등의 대표가 취임했는데, 이들은 우리 회사 출신이 아니라 한진중공업 등 외부 출신이었다. 그들은 우리 회사에서 능력을 인정받은 것이 아니라 그룹 회장으로부터 능력을 인정받았던 것이다.

형식은 내용의 반영이다. 조남호 회장이 대주주일 때는 당연히 우리 회사의 대표도 그의 결정에 따라 정해졌고, 그의 의중에 따라 움직였다. 그러나 우리 회사는 2017년 12월 15일 인수 후 종업원 830명이 전체 주식의 52.01%를 소유한 회사로 바뀌었다. 이때부터 우리의 대표이사는 인수 전의 대표이사들과 비교해 선임방식과 역할이 달라졌다.

종업원지주제에서 대표이사는 종업원들의 평가를 통해 투표로 결정된다. 우리 회사는 2018년 3월 23일 정기주주총회에서 종업원지주제 1기 대표이사로 김춘선 사장을 임명한 후, 2기 이상민부터 3기 김치헌, 4기 김한영 사장까지 4명의 사장을 출자임직원들이 참여한 투표로 선출했다. 특히 이상민, 김치헌, 김한영 대표이사는 모두 출자자이며 젊은 시절 입사해 오랫동안 근무했고, 선배로서, 기술자로서 능력을 인정받은 분들이다.

주식회사의 대표이사가 최대 주주 개인의 취향에 따라, 혹은 창업주의 2세, 3세라는 이유로 임명되는 경우가 비일비재하다. 특히 창업주의 2세, 3세는 경영 능력을 검증받지 못한 경우가 많다. 이런 점에 비춰 볼 때, 우리 회사는 매번 검증된 사장을 대표이사로 임명하고 있는 셈이다.

기능상 주식회사와의 연관성

17세기 무역선	주식회사	한국종합기술 (KECC)의 경우
투자에 참여한 중소상인들	주주(소유)	KECC 주식을 소유한 투자자
중소상인들의 대표	이사(소유)	협의회 위원장 3인
선장	CEO, 대표이사(경영)	KECC대표이사 1인
항해사	사내이사(경영)	대표이사가 지정할 수 있는 이사 1인
기타 선원들	종업원(경영)	종업원이자 투자자
외부 전문가	사외이사(소유)	사외이사 3인 (회계, 법률, 기타)
주요 사항을 결정한 회의체	이사회(소유)	총 8인

　대표이사는 평소 그룹 회장에게 실적 등을 보고해야 하지만, 종업원 지주제에서는 말 그대로 종업원들에게 실적을 보고해야 한다. 그러나 매번 모든 종업원을 대상으로 실적을 보고할 수 없으니, 그들을 대의 하는 인수 참여 임직원(현재 출자임직원협의회) 이사회에 보고한다.

17세기 무역선으로 비교하면 대표는 선장이다. 선장의 역할은 배를 지휘해 무역품을 무사히 운반하는 것이었는데, 배가 기업으로 바뀌었을 뿐 한국종합기술 대표의 역할은 17세기 무역선의 선장과 비슷하다.

17세기 당시 선장의 임명권은 투자에 참여한 중소 상인들이 가졌는데, 한국종합기술의 제도도 이와 흡사하다. 대표의 임명권은 대주주가 아니라 한국종합기술홀딩스를 통해 출자한 사람들이 갖고 있다. 그 권한의 최종 행사는 출자자 전원의 참여와 그들이 가지고 있는 1인 1표의 투표로 이루어진다. 또 중요한 의결 사항이 있을 때, 대표의 의견도 중요하지만, 최종 결정은 이사회를 통해 결정된다.

누구는 빠른 의사결정의 부재를 단점으로 이야기한다. 경영에서 속도감 있는 결정은 중요하다. 이 말이 때론 맞을 수도 있다. 그러나 반대로 우리의 제도는 더 큰 장점을 갖고 있다. 그것은 종업원지주제의 장점이기도 하다.

그것은 투명성과 집단지성이다. 많은 기업이 대주주만을 위한 의사결정을 하다 보니 소수 몇 명이 정보를 독점한다. 소수 몇 명의 판단은 속도감을 만들 수 있지만, 그들의 판단이 매 순간 맞는 것은 아니고, 큰 오판은 대규모 손실을 발생시키기도 한다.

그러나 우리는 사실상 전 직원에게 정보가 공개된다. 경력이 어느 정도 쌓인 임직원이라면 그들이 전문가이고, 또 그들은 회사의 정책 결정이 자신의 미래와 연결된다는 것을 알기에 민감할 수밖에 없다. 그들은 정확하게 또 치열하게 의견을 개진할 수밖에 없는데, 이것은 우리의 큰 힘으로 작동한다. 또 결정은 늦어질 수 있지만, 우리는 결정하면 모두가 참여한다. 이것이 어떤 위기를 맞았을 때 극복해 나가는 힘이 된다. 인수 후 우리는 몇 번의 위기가 있었지만, 투명성과 집단지성을 바탕으로 극복해 나갔다.

전문성 기반, 선거로 뽑는 4개 위원회, 이사회 권한 위임

KECC 출자임직원협의회는 오너십을 가지고 있다. KECC 출자임직원협의회의 이사회는 총 40인으로 구성되어 있으며, 2025년 현재 3기를 구성하고 있다. 1기 때는 이사회를 총 31명으로 구성하였는데, 출자자가 늘어나면서 40명으로 늘어났다. 우리의 규약상 이사 숫자는 40인을 초과하지 못한다.

이사의 선출 방식은 국회의원 선거와 비슷하다. 행정 지역별로 국회의원을 뽑듯 우리는 부서별로 이사를 뽑는다. 또한 국회의원을 선출할 때 인구가 많은 행정구역은 다수의 국회의원을, 인구가 적은 행정구역은 여러 곳을 하나로 합쳐 선출하는데, 우리도 동일하다. 출자자가 많은 부서는 이사가 복수이고, 출자자가 15명 미만인 부서는 다른 부서와 통합해 이사를 선출한다.

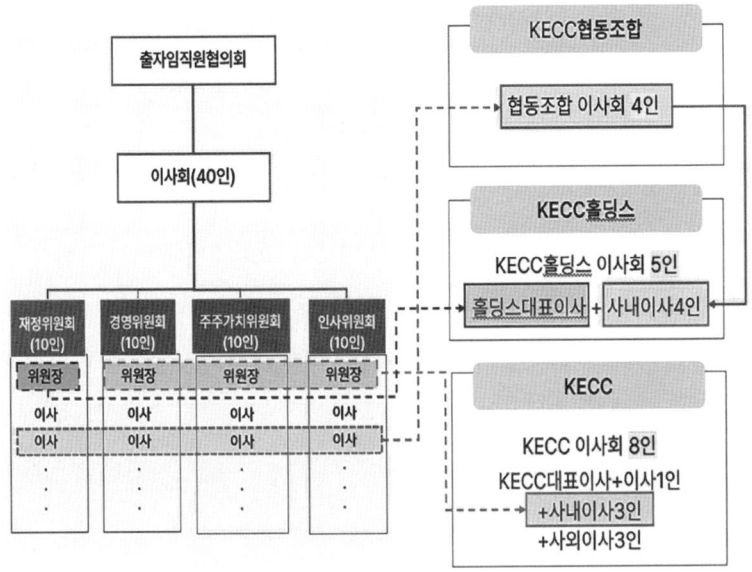

* 한국종합기술 지배구조

이사회는 재정 및 운영위원회, 인사위원회, 경영위원회, 주주가치위원회 등 4개의 위원회가 있는데, 해당 위원회의 위원장은 전체 출자자의 투표로 선출한다. 이중 재정 및 운영위원장은 단독 선거로 선출되며, 그는 출자임직원협의회와 한국종합기술홀딩스의 대표이사를 맡는다. 다른 3명의 위원장(인사, 경영, 주주가치) 선거는 동시에 치러지며 3위까지 선출하여 각 위원회의 위원장을 맡고 한국종합기술 이사회의 사내이사가 된다. 선출된 이사들은 4개 위원회 위원장 포함 10명씩 배정되어 각종 현안을 논의한다.

출자임직원협의회는 2017년 12월 15일 인수 이후, 초기에 인수참여임직원협의회로 불렸으나 이후 현재의 이름으로 바꾸었다. 출자임직원협의회는 출자임직원을 위한 정책 연구와 규약 및 규정의 관리, 한국종합기술홀딩스 산하 한국종합기술과 그 외 자회사의 주요 안건을 심의하고 의결한다. 또 한국종합기술 대표이사 선출시 전체 출자자 투표에 오를 최종 3인의 후보를 결정한다.

40명의 이사는 한국종합기술의 거버넌스 곳곳에 배치되어 경영 현안 및 출자자 및 임직원들의 권익을 위한 각종 논의에 참여한다. 또한 지배구조의 올바른 작동 여부, 경영 현안의 적합성 여부 등에 대해 견제와 감시도 한다.

우선 40명의 이사 중에 4명은 KECC엔지니어협동조합 등기임원 및 KECC홀딩스 등기이사 그리고 재정 및 운영위원장 포함 5명은 KECC홀딩스 등기이사로, 자회사인 한국종합기술 이사회는 단독 선거로 선출한 대표이사 1명, 출자임직원협의회 이사회 위원장(인사, 경영, 주주가치) 3명, 사외이사 3명, 대표이사가 임명한 1명을 포함한 8인으로 구성된다.

한편 본부장과 부서장 임명 방식에서도 우리만의 독특한 제도가 있다. 그것은 임직원들의 더 많은 경영 참여를 보장하는 것이고, 나아가 회사에 대한 주인의식을 가지게 하는 것이며, 대표이사의 독단적인 결정을 막는 합리적인 장치로 대한민국 국회의 인사청문회에 해당한다.

대표이사는 본부장과 부서장의 임명권을 갖고 집행임원을 구성하여 이사회에서 위임한 일반적인 경영 전반을 결정하고 실행에 옮긴다. 대표이사가 본부장과 부서장인 보직 임원을 임명할 때 해당 부서 및 본부의 출자임직원에게 임명에 대한 동의 여부를 묻는 절차를 거치도록 만들었다. 재적 과반이 넘는 부동의가 나오면 지명을 철회하거나 이사회 심의를 거쳐야 한다.

종업원지주제 출범 후, 대표이사가 내정했던 보직 임원이 재적 과반 이상의 부동의를 받고 임명되지 못한 사례가 5~6차례 발생했다. 이때 대표이사는 규정에 따라 이사회에 재고를 요청할 수 있으나 한 번도 그런 사례는 없었고, 사람을 변경하여 내정한 후 임직원의 재동의를 받아 임명했다. 반면 경영지원본부를 포함한 지원 개념의 대표이사 직속부서는 동의 절차 시행에서 제외되어 있다.

사람들이 오너 경영을 지지하는 이유는 무엇일까? 과감한 의사결정과 강한 리더십에 기인한 성장을 말한다. 그러나 산업화 시대에 비해 사회는 복잡해졌다. 의견은 다양해졌고, 소수의 의견이라도 존중받아야 하는 시대가 되었다. 이것은 사회 발전의 당연한 과정이고, 사람들은 그렇게 가야 한다고 생각한다.

또 한국 사회의 민주주의는 크게 성숙하였다. 민주주의 사회에서 중요한 덕목은 모두가 참여해 자신의 의견을 개진하고, 논의와 조정을 통해 그것을 하나로 모아내는 것이다. 흔히 말하는 집단지성의 힘을 발현하는 것이다. 이전처럼 소수 몇 명의 엘리트에 의해 의사가 결정되는 사회가 아니다. 이렇게 해서는 구성원 다수의 반발이 있을 수밖에 없고, 해서도 안 되는 방법이다. 대표이사를 중심으로 소수가 경영에 참여하는 방식은 결정을 빠르게 내릴 수 있기 때문에 처음에는 큰 힘을 발휘할 것으로 보인다. 그러나 시간이 지나면 지날수록 다수가 참여하는 집단지성에 비해 힘을 발휘하지 못한다.

우리의 조직도는 복잡하고 여러 사람의 의견을 모아내야 한다. 하루하루가 다르고 치열한 경쟁이 펼쳐지는 경제계에서 이렇게 대응하다가는 논의만 하다가 끝난다고 우려할 수도 있다. 그러나 시간이 지날수록 하나 된 힘을 발휘하고, 다양하게 논의할수록 더 알찬 지혜가 나오기 때문에 우리는 최고의 경쟁력을 가질 수 있다.

º 투표로 사장 선출, 자발적 임금 반납

홀딩스 대표가 되다_일과 고민의 순간들

    2018년 1월 종업원지주제 1기 선거가 있었다. 초대 선거관리위원장은 장근 TF팀장이 맡았다. 장근 팀장은 선배로서 1기 이사회를 구성하는 것까지를 자신의 임무라 생각했다. 그는 선거 후, 대표가 선임되는 3월 주총까지 바쁜 시간을 보냈다.

    후보들은 선거관리위원회에 후보로 등록하고, 선거 규칙에 맞춰 공약을 게시하고, 정해진 날짜에 직원 대상으로 후보 간 토론회 등에 참여했고 규정은 엄격하게 적용되었다. 그러나 어떤 사람은 선거 규칙을 벗어나는 행동으로 선거권을 박탈당하기도 했다.

    종업원지주제 1기 선거 결과, 나는 재정 및 운영위원장으로 선출되어 한국종합기술홀딩스의 대표이사가 되었다. 나 외에 전직 임원이었던 분이 후보로 나왔는데, 나는 전체 투표자 가운데 70% 이상의 지지로 재정 및 운영위원장에 당선되었다. 인사위원장, 경영위원장, 주주가치위원장은 김한영 부서장, 양용수 상무, 조한민 부장(노조 부위원장)이 당선되었다. 이들은 인수과정과 TF팀 활동 기간 동안 중요한 역할을 담당했고, 임직원들은 이점을 고려해 이들에게 종업원지주제 1기가 안착하는 데 역할을 해줄 것을 바랐던 것 같다.

나는 한국종합기술홀딩스의 대표로 나갈 생각이 없었다. 인수가 끝남과 동시에 내가 맡고 있던 노동조합 위원장으로 잔여 임기 1년을 잘 마무리하려 했다. 그러나 인수 후, 결자해지(結者解之)가 필요할 것 같았다.

내가 시작했으니, 내가 끝까지 책임져야 하지 않을까?

끝까지 책임지고, 인수전에 생각했었던 종업원지주제를 멋지게 만들어보고 싶었다. 게다가 살짝 '종업원지주제의 원래 취지가 훼손되지 않을까'라는 걱정도 있었다.

나는 출마를 결심했고, 이것을 주변에 알렸다. 임직원들에게 나의 비전을 말했다. 인수과정에서 내가 보여준 모습이 있어서일까? 임직원들은 나를 신뢰해 주었다. 나는 어렵지 않게 재정 및 운영위원장으로 선출되었다. 재정 및 운영위원장은 KECC홀딩스(한국종합기술홀딩스) 대표를 맡는다.

당선된 후, 아내가 말했다.

"뉴스 보거나, 내가 알고 있는, 홀딩스 대표들은 많이들 감옥 가던데?"

나는 가볍게 웃음을 지었다. 아내의 말은 틀린 것이 아니었다. M&A 과정을 지켜보면, 인수 후 횡령·배임으로 매도자와 매수자 사이에 소송이 벌어지거나 경영진과 임직원들 사이에 갈등이 생긴다. 그 과정에서 또 대표의 횡령·배임 등 부정적인 이슈가 표면화되곤 한다. 결국 아내의 말처럼 홀딩스의 대표가 감옥으로 잡혀가는 경우가 적지 않다.

아내의 말은 한국 기업의 현실을 반영하는 말이기도 했다. 그만큼 M&A가 비정상적인 방법으로 이루어지고, M&A 후에도 비정상적인 경영이 비일비재하기 때문이다. 그러나 우리 회사의 인수과정은 830명의 출자자가 지켜보았다. 그만큼 투명했다. 또 인수를 주도했던 사람들도 철저하게 민주적인 절차를 따르려 했다. 또 인수 이후에도 우리는 다른 기업에 비해 투명도가 높았다. 게다가 소유와 경영을 분리하고, 대표와 주주대표를 선거로 선출하는 등 임직원들의 경영 참여를 높이려 했다. 이런 노력 때문에 부정적인 요소가 개입될 여지가 없었다.

결국 아내의 말은 기우에 불과했다. 돌아보면 당시 아내의 말은 나를 다시 한번 다잡는 자극제가 되었다. 나는 아내의 말을 들었던 순간 이렇게 생각했다.

'원래 생각했던 대로, 정말 잘해야겠구나!'

공모와 종업원 투표로 1기 대표이사 선출

　2018년 1월 10일부터 1월 23일까지 한국종합기술 대표이사 공모가 있었다. 우리는 보도자료 홍보와 함께 이 사실을 대한경제신문과 엔지니어링데일리에 광고했다. 또 명망 높은 분들을 찾아가 지원 의사를 타진해 보기도 했다. 그분들은 공모 의사가 있었지만, 현직에서 활동하는 관계로 우리의 권유에 대해 난망해 하거나, 어떤 경우, 높은 수준의 대우를 요청하는 분도 있었다.

　최종 22명이 서류를 제출했다. 주로 50대와 60대가 지원했으며, 전문 분야는 엔지니어링 출신이 7명으로 가장 많았고, 건설사와 플랜트, 금융권, 공기업, 학계, 민간 전문경영인 등으로 다양했다.

　우리는 24일부터 김한영 인사위원장이 중심이 되어 1차 서류 심사로 대상자를 추리고, 31명의 이사가 참여한 가운데, 정견 발표와 같은 형태로 비전과 생각을 듣고, 최종 3명의 후보를 선출했다. 임직원들은 3명의 공약집을 읽고, 토론회도 개최하는 등 계획된 선거 과정을 거쳐 최종적으로 김춘선 대표를 선출했다.

　참고로 우리는 종이 투표로 하지 않고, 모바일로 투표한다. 지방 근무자는 물론 특히 해외 근무자나 출장자들에게 매우 편리하다. 선거관리위원회가 선거 전 과정을 철저하게 관리하고, 임직원들도 그 과정을 준수하기 때문에 이것에 대해 공정성 시비 혹은 부정선거 시비는 전혀 없다.

사외이사는 송호연 이사, 노금선 대표, 그리고 기존부터 사외이사 역할을 맡던 분까지 3명으로 정했다. 송호연 이사는 인수과정에서 중요한 판단을 할 때마다 항상 올바른 조언과 판단에 필요한 정보를 주었고, 입찰 서류 작성은 물론 관계자 만남, 회의 등 수시로 함께했다. 그는 경영, 거버넌스에 대한 전문성을 가지고 있으며, 특히 ESOP컨설팅을 하고 있는데, 한국종합기술 종업원 인수는 그에게 중요한 사례이기도 하였다.
　인수과정에서 우리는 6개월간 송호연 이사와 자문 계약을 맺었는데, 그가 해준 것에 비하면 너무 약소한 금액이었다.
　그리고 나는 자금조달 때문에 다수의 관계자를 만났는데, 그때 알게 된 분이 노금선 대표였다. 그녀는 서울대 입학 후 구로공단에 위장취업과 야학 등 운동권 출신으로 활동하다 회계사 자격증을 취득한 후 금융 쪽에서 경력을 쌓은 분이었다. 당시 PE사의 공동대표를 맡고 있었다. 그녀는 회계 분야에 대한 경험이 다양했고, 국민연금공단의 최초 여성 상임이사도 맡았으며, 2017년 문재인 정부 출범 후 국민연금 이사장 공모에도 참여했다.
　나머지 한 명의 사외이사는 기존부터 사외이사를 하던 분으로 산업은행 출신이었다. 우리는 한진중공업홀딩스 그룹이 소유하고 있는 주식 67% 중에 52%만 사 왔다. 나머지 15%는 한진중공업홀딩스 소유였지만 당시 한진중공업이 자율 협약 상태였고, 주채권은행은 산업은행이었다. 따라서 그 부분을 인정하지 않을 수 없었다. 원래 M&A가 성사되면 기존 등기이사들의 사임계를 받게 되었는데, 우리는 그분의 잔여 임기를 보장해주기로 했다.

 이렇게 인사가 마무리되었다. 김춘선 대표는 3월 22일 취임식을 갖고, 다음날인 23일 주주총회의 승인을 받았다. 안타까운 것은 이인제 대표다. 그도 공모에 참여했다. 만약 그가 인수 후 첫 대표가 되었다면, 평사원에서 사장까지 되었던 그의 명예는 물론 회사의 역사에서도 멋진 기록으로 남았을 텐데, 그렇게 되지 못했다.

대표이사에 대한 기대감과 수업료

 김춘선 대표는 서울대를 졸업하고, 영국 유학을 다녀왔으며, 재정경제부, 국무총리실, 해양수산부에서 근무하고, 인천항만공사 사장을 역임했다.

 김춘선 대표는 왜 대표가 되었을까? 생각해보면 몇 가지 이유가 있었다. 첫 번째, 기존 경영진에 대한 불신이 컸다. 이인제 대표는 인수 과정에서 적극적이지 않았고, 경영진 일부는 인수를 방해했고, 나머지 다수는 방관자처럼 행동했다. 그 후과는 외부 사람에 대한 기대감으로 나타났다. 또 엔지니어링산업은 특성상 발주처가 공공기관이라 항상 우리는 을의 입장에 서게 되고, 그러다 보니 공공기관의 고위직 공무원을 선망하곤 했는데, 이것도 김춘선 대표에 대한 기대감으로 나타났다고 본다.

"김춘선 대표가 오면, 수주를 많이 해올 거야!"

검증되지는 않았지만, 그의 경력과 당시 우리들의 내부 경영진에 대한 반발심이 김춘선 대표에 대한 기대감으로 전이되었다. 그는 엔지니어링산업에 대한 이해도는 부족했지만, 공모 서류가 우리의 요구에 맞춰져 있었고, 최종 후보 3인을 선출하는 면접을 겸한 비전 발표 자리에서 발언을 매우 잘했다. 대표 공모자 중에는 엔지니어링산업은 물론 금융권 출신도 다수였지만 나와 대의원들은 그에게 큰 호감을 가졌다. 그는 우리가 갖지 못한 것을 가졌고, 그것은 화려한 경력으로 더 빛나 보였다. 나만이 아니라 다수임직원들도 그렇게 생각했던 것 같다.

그러나 우리는 약간의 우려도 있었다. 우리는 종업원지주제 회사로 기존의 기업과 다른 경영방식과 문화를 추구할 수밖에 없었다. 그분이 이점을 충분히 이해할까? 우리는 가능하다고 생각했다. 그러나 설명은 필요했다. 나는 김한영, 양용수 위원장과 함께 김춘선 대표의 집으로 찾아갔고, 근처 카페에서 오전부터 오후까지 하루 동안 파워포인트를 띄워놓고, 인수과정, 딜로이트 보고서, 종업원지주제를 설명하고, 우리가 나가고자 하는 바를 설명했다.

김춘선 대표는 "그렇군요, 잘 알았습니다. 큰 도움이 되었습니다"라고 말했다.

김춘선 대표가 경영을 확실하게 하려면 내부 조직 정비가 필요했다. 우리는 그 점을 인식하고, 조직에 작지만 의미 있는 변화를 주었다. 그것은 경영지원본부를 경영지원실로 급을 낮추고 산하의 인사부, 총무부도 급을 한 단계 낮추었다. 경영지원본부는 외부 영업, 내부 기술자들과 비교하면 영향력이 더 컸다. 때론 이것이 문제가 된다고 생각했다. 실제 인수 전인 2017년까지 이강록, 이인제 대표가 대외적으로 대표였고 영업, 설계 등을 총괄했지만, 중요한 결정 때마다 가장 강한 영향력을 행사한 것은 경영지원본부였다. 이런 평가는 나만이 아니라 회사에 애정이 있는 임직원이라면 다수가 느끼는 것이었다.

모든 것은 준비되었고, 남은 것은 김춘선 대표를 중심으로 단결해 수주를 확대하고, 설계, 건설사업관리 등에 열과 성을 다하는 것이었다. 우리는 소유와 경영의 분리가 회사의 미래를 결정하는 핵심 사안이라 생각했기에 경영적인 것은 김춘선 대표의 재량에 맡겼다. 바꿔 말해 경영에 간섭하려 하지 않았다.

매출액은 2016년 1,993억에서 2017년 1,996억으로 3억이 늘었다. 그러나 수주액과 영업이익은 감소했다. 2016년 수주액은 2,604억이었는데, 2017년에 2,375억으로 229억이 감소했다. 감소율이 8.8%였다. 영업이익은 2016년 51억에서 -72억 5천만 원으로 123억 5천만 원이 감소했다.

한국종합기술은 2011년 이후 매년 수주액과 매출액이 성장했고, 영업이익도 항상 50억 전후를 유지했다. 그런데 2017년 인수에 매달리면서 수주액과 영업이익이 큰 폭으로 감소한 것이다. 심각한 문제였다. 2018년은 분명히 이것을 해결해야 했다. 우리는 김춘선 대표가 구원투수가 되어줄 것이라 기대했다.

그러나 기대와 희망은 약간씩 불신으로 나아가기 시작했다. 김춘선 대표는 공기업 사외이사도 겸직하고 있었다. 이전부터 해오던 일이라 충분히 그의 상황을 이해해 줄 수 있었다. 그러나 우리는 김춘선 대표가 좀 더 회사에 집중해 주기를 원했다. 그는 본부장들에게 거의 모든 일을 위임하고, 제어나 전사적인 의사결정은 없는 것 같았다. 왜 그랬을까? 내 생각에 김춘선 대표는 엔지니어링업에 대한 이해도가 낮았다. 그러다 보니 제기되는 상황과 일들을 그대로 수용했던 것으로 보인다. 또 '당신들이 회사의 주인이니까, 당신들이 희망하는 대로 해보세요'라는 생각을 했을지도 모르겠다. 방관은 아니었던 것 같다.

이렇게 시간은 흘러갔다. 결국 경영지표는 나아지지 않았다. 이것은 나에게 큰 불안감으로 다가왔는데, 이 감정은 나만 느끼는 것이 아니었다. 한국종합기술홀딩스 이사회는 물론 오랫동안 회사에 근무했던 임직원이라면 정도의 차이가 있지만, 다수가 느끼는 것이었다.

우리는 김춘선 대표에게 최고재무책임자(CFO)로 좋은 분이 있으면, 모셔 올 것을 제안했다. 그는 금융권 출신의 박모라는 분을 영입했다. 그의 사내 직급은 부사장이었다. 우리는 박모 CFO에게 재무 구조 개선, 신규 투자사업의 혁신 등을 원했다. 그러나 이분은 조직 성과 평가에 주력하고, 조직에 대한 변화를 추구했다.

우리는 종업원지주제라는 거버넌스를 기반으로 조직을 구성하고 있었는데, 박모 CFO가 추구하는 조직의 성과에 대한 평가 방식은 우리와 달랐다. 그는 금융계에 오랫동안 근무한 분으로 그 업계에서의 조직 관리와 성과 평가 방법을 도입하려 했다. 주요 사용 용어에도 차이가 크다 보니 원활한 의사소통을 하는 데도 많은 시간이 필요했다.

김춘선 대표는 1억의 비용으로 조직 평가와 미래 비전을 설정하기 위한 컨설팅을 맡겼다. 컨설팅은 경영에 꼭 필요한 요소이다. 따라서 컨설팅을 맡긴 것은 문제가 되지 않는다. 그러나 맡기는 과정이 문제였다. 적정한 업체를 선정하고 견적을 받아보고, 이를 평가한 후 업체를 선택해야 했는데, 이 과정을 거치지 않고, 친분이 있는 교수에게 컨설팅을 맡겼다. 그 결과 비용으로 1억을 썼음에도 결과물은 기대에 못 미쳤다는 생각이 들었다. 이런 상황에서 적자는 계속되고, 수주는 증가하지 않고, 내부 갈등까지 겹치니, 문제가 수습되기보다 갈등만 커졌다.

결국 틈이 더 크게 벌어지는 사건이 일어났다. 김춘선 대표와 박모 CFO는 압구정동 사옥을 매각하려 했다. 두 사람은 판매 대금으로 투자를 확대해 회사의 적자를 메꾸고, 수주를 증가시키려 했다. 박모 CFO는 금융권에 근무한 분이라 이런 생각은 지극히 자연스러운 것이기도 했다. 그러나 이 계획은 두 가지 측면에서 반대 의견이 있었다.

한 가지는 고정 인건비가 높은 상황에서 기존 사업 분야 수주 확대를 통한 매출 신장과 영업이익의 개선을 우선이라 생각했는데, 투자처도 정해지지 않는 상황에서 압구정동 사옥을 매각해 투자금부터 마련하겠다고 하니, 리스크를 걱정하고 진의를 의심하는 사람들도 많았다. 두 번째는 기업 역사를 이해하지 못한 결정이었다. 한국종합기술은 어느 날 갑자기 만들어진 곳이 아니었다. 1962년 1차 경제개발 5개년 계획이 시행될 때, ㈜국제산업기술단으로 설립된 회사였다. 압구정동 사옥은 이런 회사의 상징성을 가지고 있었다. 나도 그렇지만 임직원들은 정서적으로 반발했다.

종업원지주제 회사였기 때문에 중요한 결정은 공감대를 형성하고, 한국종합기술홀딩스 이사회를 중심으로 논의하고, 결정해야 했다. 이사회를 존중하지 않는 상황에서 사외이사 설득과 분위기 조성 등에 집중하는 모습은 이사들과 임직원들에게 공감대를 얻기가 쉽지 않았다. 갈등의 폭은 자신이 임명한 본부장과 부서장들, 그리고 이사들과 임직원들 사이로도 번져 나갔다. 특히 '어떻게 하면 책임지지 않을까?'와 같은 회피성 의사결정이 쌓여만 가는 듯했다.

한국종합홀딩스의 대표로서, 출자임직원의 대표로서 나는 결단을 내려야 했다. 사내에 갈등이 증폭되면서 종업원지주제라는 목표가 정착되기도 전에 무너질 수도 있다는 생각까지 들었다.

9월 10일경, 홀딩스 이사회가 소집되었다. 우리는 대표이사의 경영방식과 상황을 공유했고, 최종 투표로 대표이사 변경을 결정했다. 이때 31명 이사 중 2명만이 반대했다.

"아직 대표이사가 되신 지 얼마 안 되었는데, 더 기회를 주어야 하는 것 아닌가요"

이 소수의견도 합리적이고 공감할 수 있는 의견이었지만, 이사들 대다수는 더 방치하면 종업원 지주회사가 정착하기도 전에 무너질 수도 있다는 점에 공감했다. 이것은 불안감이기도 했다. 대표이사 변경안은 가결되었다.

나는 김춘선 대표와 면담했고, 대표이사 변경안을 전달했다. 김춘선 대표는 거부 의사를 밝혔지만 이미 홀딩스 이사회에서 결정한 사안이었고, 갈등의 폭이 심화된 상황에서 더 이상 관계를 유지하는 것은 사실상 불가능했다. 우리는 다음 주주총회 때까지 김춘선 사내이사의 직을 유지하고, 그에 합당한 예우를 했다.

임직원의 자발적 참여로 임금 반납 결의

김춘선 대표가 대표이사에서 사내이사로 물러나면서 새로운 대표이사를 선임해야 했다. 나는 김한영, 양용수, 조한민 등 3명의 위원장과 이사는 물론 회사의 주요 임원들과 대책 방안을 이야기했다. 최종적으로 김한영, 양용수, 조한민 3명의 위원장 중 한 명이 법적인 등기상 대표이사를 맡고, 경영을 책임질 사장은 대행 체제로 운영하기로 결정했다. 김한영, 양용수, 조한민 위원장의 협의를 통해, 조한민 경영위원장이 등기대표를 맡아주기로 했다.

다음으로 해결할 문제는 '경영을 책임질 사장을 누구로 할 것인가?'였다. 이것은 큰 고민이었다. 사장이란 자리가 얼마나 중요한지는 이미 알고 있었지만, 종업원지주제 이후 새롭게 바뀐 문화 속에서 이것을 이해하고, 경영 능력까지 발휘할 사람을 찾는다는 것은 쉽지 않았다.

우리는 고민 끝에 김창교 부사장을 찾아갔다. 그는 기반시설 본부장을 역임했고, 당시 부사장으로 있었다. 그는 또 1기 사장 공모에 출마해 최종 투표에서 2위를 했다. 그는 엔지니어링산업을 잘 이해하고 있었고, 애사심과 결단력이 높았다.

"1월(2018년)에 차기 대표이사를 선출하려고 합니다. 그때까지 경영을 맡아주십시오."

우리의 부탁에 그는 흔쾌히 응해주었다. 대표이사 공모가 시작된 1월부터 9월까지 1년 가까운 시간 동안 경영악화와 내부 혼란만 있었던 거 같다. 사실 비싼 수업료를 지출한 기간이었다. 이런 가운데 9월 12일 홀딩스이사회를 개최하고, 김창교 부사장을 사장 대행으로 선임했다.

"회사가 빨리 흑자로 전환이 되어야 한다."

김창교 사장 대행은 단순하지만 명쾌하게 회사가 처한 현실을 직시했다. 그리고 "상당한 긴축이 필요하다"며 단기적으로 해결책을 제시했는데, 그것은 고육지책이었다. 2018년 1월 사장 선출 선거가 3개월밖에 남지 않은 상황이었다. 김창교 사장 대행은 당연히 향후 대표이사 사장 선거에 출마를 생각하고 있었다. 따라서 그는 선거를 의식해서 유불리를 따질 수 있었는데, 회사를 먼저 생각했다. 나는 이점을 지금도 잊을 수 없다. 이 책을 빌려 김창교 사장 대행에게 감사의 마음을 전한다.

당시 나는 김창교 대행은 물론 김한영, 양용수, 조한민 3명의 위원장, 최용준 노동조합 위원장과 어떻게 돌파구를 마련할 것인가로 몇 차례 많은 이야기를 나누었다. 이때 나온 결론이 '임직원 모두가 임금을 반납해야 하지 않을까?'였다. 그 연장선상에서 "우리가 주인으로서 수익이 많으면 많이 가져가고, 수익은 적으면 그것에 대한 책임도 져야 하지 않을까?"라는 이야기를 주고받았다. 논리적으로 틀린 이야기도 아니었다.

"욕을 먹을 수 있지만, 그래도 해봐야 하지 않을까요?"

몇 차례 논의를 통해 '이것이 우리가 가야 할 길 아닐까요'라는 공감대를 형성했고, 결국 '임금 삭감, 유보'라는 결정을 내렸다. 삭감, 유보는 '임금을 삭감하되, 흑자가 나면 돌려준다'라는 의미였다. 그러나 실행 전 한 가지 고민이 생겼다.

"누가, 어떻게 이야기를 할 것인가?"

임금 삭감은 누가 들어도 좋은 이야기가 아니었다. 김창교 사장 대행과 내가 하기로 했다.

김창교 사장 대행은 임시지만 대표이사나 마찬가지였고, 나는 종업원 지주제로 인수하자는 최초의 제안자이자 그것을 실행한 주체였다. 지금까지 임직원들은 나를 믿고 따라주었는데, 내가 불리하다고 발을 뺄 수는 없었다. 이것은 당연한 것으로 내가 하는 것은 순리였다.

나는 '밤샘 토론을 하든지, 끝장 토론을 하든지, 앞으로 어떻게 끌고 나갈 것인지에 대한 다양한 의견을 모아내자'라고 생각했다. 임직원 전체가 참여하는 총회는 11월 말로 잡혔다. 그날 임직원 전체에게 임금 삭감과 유보에 대한 취지를 설명하고, 동의를 구하기로 했다.

그런데 원래 약속했던 11월 말 총회에 참석할 수 없는 상황이 나에게 발생했다. 9월 말 아버지가 폐암 말기 판정을 받았다. 당시 아버지의 나이는 79세였다. 아버지는 주관이 뚜렷하신 분이라 항암치료를 받지 않겠다고 했다. 그러나 아들 된 도리로 최고 시설을 갖춘 서울의 병원에서 검사라도 받게 하고 싶었다. 아버지는 창원에 소재한 병원에서 폐암 말기 판정을 받으셨는데, 긴급하게 서울 삼성병원으로 모셨다. 며칠 동안 검사와 함께 응급실 치료를 받았다. 서울에 있는 가족은 나밖에 없었기 때문에 나는 온전히 아버지 곁에 있을 수밖에 없었다.

나는 김한영, 양용수, 조한민 3명의 위원장에게 설명회 당일 참여할 수 없는 상황을 설명했다. 그 순간 살짝 책임을 회피하고 싶은 유혹의 손길이 내 마음 깊은 곳에서 솟아났다. 그것은 엄청나게 큰 유혹은 아니었다. 그러나 순간 내가 느낀 솔직한 감정이기도 하다.

'그 자리에 내가 없으면 욕은 덜 먹겠지'라는 생각이 들더니, '내가 아니라도 김한영, 양용수, 조한민 위원장까지 세 분 중에 한 분이 내 역할을 대신하지 않을까?'라는 생각도 들었다. 그러나 내가 정면으로 맞이해야 하는 상황은 나를 피해 가지 않았다. 설명회 전날 김한영, 양용수, 조한민 위원장은 몇몇 홀딩스 이사들과 회의를 했고, 예정된 총회를 1주일 연기하는 것으로 결정했다.

"우리가 인수하면 오너리스크 같은 불합리한 요소들이 사라지고, 임직원들이 더 많은 이익을 공유할 수 있을 거에요"라며, 앞장서서 장밋빛 희망을 이야기했는데, 실제로 확신에 넘쳐 이야기했는데, 그렇게 이야기한 사람이 이 상황을 설명하지 않는다면 말이 안 되었다.

사실 임금 삭감을 위한 설명을 내가 직접 하는 것을 거부하고 싶은 생각은 없었는데, 상황은 그대로 흘러갔다. 내가 책임져야 할 것을 책임졌으니 말이다.

설명회는 지하 강당에서 열렸는데, 내부가 꽉 찰 정도로 임직원들의 관심이 높았다. 나는 김창교 사장 대행과 앞에서 설명회를 끌고 나갔다. 자료는 경영지원본부에서 마련했다. 나와 김창교 사장 대행은 현재의 재정 상황을 설명하고, 2019년에도 적자 발생이 불가피하며, 흑자로 전환하려면 임금 일부를 반납할 수밖에 없고, 그렇게 할 수밖에 없는 사정을 설명했다. 설명회는 2시간 가까이 진행했다.

난장판은 아니었지만, 격론이 오갔다. 욕설을 뱉지 않았지만, 격양된 표정과 분노가 느껴졌고, 일부 거친 톤의 말들이 있었다. 충분히 이해된다. 장밋빛 희망을 이야기했는데, 채 1년도 안 되어 임금 삭감과 유보를 이야기하니, 누구라도 반감이 생길 수밖에 없었을 것이다. 특히 인상에 남았던 장면이 있다. 젊은 직원 한 명이 다음과 같은 논리로 질문했다.

"적자가 났는데, 경영진이 먼저 솔선수범하고, 책임져야 하는 것 아닌가요. 왜 우리에게 책임을 전가하나요. 경영진부터 먼저 임금을 반납해야 하는 것 아닌가요."

상식적으로 젊은 직원의 생각은 이상하지 않았다. 오히려 당연한 이야기였다. 피고용자의 입장이라면 당연히 요구해야 한다. 그러나 우리 회사는 종업원지주제였다. 한 명의 개인 혹은 몇 사람의 대주주가 의사결정권을 가지고 있는 회사가 아니었다. 이 점을 고려했을 때, 젊은 직원의 질문은 종업원지주제를 이해하지 못한 채, 나온 말이었다.

이에 김창교 사장 대행은 다음과 같이 대답했다. 그의 말은 종업원지주제라는 우리 회사의 정체성이 무엇인지, 그날 '왜 임직원 전체가 모여 임금 삭감을 위한 회의를 하는지'에 대해 설명하는 말이기도 했다.

"본인은 잠시 사장 대행을 하고 있는데, 살펴보니 이제 이 기업이 책임 소재를 경영자한테만 떠넘기기에는 맞지 않습니다. 내가 2억, 3억을 출자하면, 나에게 3표, 4표, 5표를 줄 건가요. 그렇게 하지 않을 거면 임직원 모두가 동등한 책임입니다. 따라서 경영진부터 먼저 임금을 반납하라는 이야기는 맞지 않아요."

설명과 질의응답이 끝난 후, '임금 10%를 반납할 것인가'로 투표를 진행했다. 결과는 '임금 10% 반납 결의안'이 통과되었다. 투표 참여자 가운데, 과반이 찬성했다. 정확한 기억이 안 나는데, 찬성률은 55% 남짓 되었던 거 같다. '임금 반납 결의안'은 2019년 2월 시행했는데, 금액은 2월 상여금 100%였다. 직급마다 다르긴 했지만 1인당 평균 약 300만 원으로 회사 전체로는 약 30~40억 정도의 금액이었다.

사실 일반 기업이라면 있을 수 없는 일이었을 것이다. 만약 소유주가 "적자가 발생했으니, 임금을 삭감하겠다"라고 말하면 임직원들은 당연히 "당신이 가져가는 몫을 내놔라"라는 반응을 보일 것이고, 다음 순서로 소유주와 임직원 사이에 다툼과 싸움이 난다.

바로 전까지 욕도 먹고, 그에 따라 좌절감, 우울감이 있었지만, 이날 '임금 반납안'이 통과되면서 또 다른 희망이 생겨났다. 종업원지주제라는 우리의 선택이 '지속 가능 할 수 있겠구나!'라는 생각이 들었다.

나아가 '어려워지면 함께 허리띠 졸라매고, 많이 벌면 많이 나눠 가질 수 있겠구나!'라는 생각도 들었다. 사실 인수 후, 처음의 생각은 단순하고 순수한 면이 있었다.

회사가 몇 년 적자 나면, 자산으로 메꾸면 되지!

그러나 우리 회사는 상장사에 주식 담보 대출을 활용하고 있었기 때문에 주가에도 신경을 써야 했다. 이러한 이유로 '적자를 자산으로 메꾸면 된다'는 논리는 너무 단순했다. 결국 수주실적, 영업이익 등의 경영지표가 적자에서 흑자로 돌아서야 했다. 그렇지 않으면 중·장기적으로 회사는 지속될 수 없다.

2015년, 2016년 재무제표를 살펴보면 외형적으로는 매출과 이익이 유지되었지만, 미청구공사비가 대폭 증가하는 등 위험신호를 나타내고 있었다. 그룹 본사 한진중공업홀딩스에는 2015년 유동성 위기가 엄습했고, 결국 2016년에 자율 협약에 들어갔다. 이렇게 되자 당시 한국종합기술의 대표는 계열사 중에 "우리 회사는 좋은 경영성적을 내고 있다"라는 것을 보여주고 싶어 했고, 그 결과 매출을 무리하게 집계한 것으로 추정된다.

수주량은 떨어졌는데 매출은 유지 혹은 증가하는 모순이 있었고, 겉으로 드러나지 않은 이런 매출 인식의 왜곡이 있었던 것 같다. 우리는 우리 스스로가 운영하는 회사를 인수했음에도 불구하고 이런 속사정은 정확히 알지 못했다.

게다가 2017년에는 회사가 매각되는 어수선한 상황에서 수주에 역량을 집중할 수도 없었고, 재직자는 늘어났다. 이런 상황들이 합쳐지면서 2017년에 대규모 적자가 발생했고, 이 여파로 인수 이후인 2018년부터 2019년까지 3년 연속 적자가 발생했다.

12월 17일 이 와중에 아버님은 돌아가셨다. 장례식장은 진해에 차려졌다. 건설경제(현, 대한경제)신문의 한형용 기자가 먼 곳까지 조문하러 왔었는데, 그의 손에는 신문 한 장에 들려져 있었고, 종업원지주회사 전환 1주년 시점에서 나의 인터뷰가 실려 있었다. 신문 기사의 제목은 「사재까지 털어 회사 지킨 직원들… 집단 주인의식 '한종' 성장동력 됐죠」로 한국종합기술의 역사를 개략적으로 서술하고, 지난 2017년 3월부터 인수까지의 과정과 종업원지주제의 의미를 정리한 후, 향후 회사를 성장시킬 신성장동력을 소개하는 것으로 마무리되어 있었다.

아버지의 투병 중에 임금 반납이라는 설명회가 있었고, 고민 속에 임직원들의 의견을 모아냈다. 그런데 한형용 기자가 그동안 나와 한국종합기술에 있었던 일들을 인터뷰 기사로 소개해 준 것을 보니, 평소와 다른 감정이 밀려왔다. 갑자기 아버지의 품이 떠올랐고, 나는 그 신문 기사를 아버지의 재단에 올려 놓았다.

치열한 대표이사 경선은 우리만의 문화다

다시 치열한 경선이 전개되었다. 우리 회사는 대표이사를 선거로 뽑는데, 선거에 우리만의 독특한 점이 있다. 우리나라 대통령 선거는 1차 투표에서 최다득표 후보가 당선된다. 그러나 우리는 1차 투표에서 과반 득표를 못 할 경우, 1위와 2위 후보를 대상으로 결선 투표를 통해 1위 후보를 대표로 선출한다.

1년 만에 치러진 종업원지주제 2기 대표 선거는 10명의 후보가 공모했다. 내부 출신은 6명, 외부 출신은 4명이었다. 종업원지주제 1기 선거 때와 마찬가지로 대의원협의회의 심사를 거쳐 최종 후보 3명을 정했다. 3인은 김창교 사장 대행, 이상민 부사장(플랜트 본부장), 조한민 부장(주주가치위원장)으로 모두 내부 인사였다.

1기 김춘선 대표의 영향 때문인지 외부 인사에 대한 불신이 생겨났다. 자연스럽게 3인의 후보 선정 키워드는 '엔지니어링산업과 회사 내부를 잘 아는 사람이 되어야 한다'였다. 그런 면에서 3인의 후보는 적절한 선택이었다. 1차 투표에서 김창교 사장 대행이 1위, 이상민 플랜트 본부장이 2위, 조한민 주주가치원원장이 3위였다. 과반득표자가 나오지 않아 결선 투표가 진행되었다. 결선 투표는 김창교 사장 대행과 이상민 본부장 사이에서 치열하게 펼쳐졌다. 2월 14일 개표 결과 370대 358, 12표 차이로 이상민 본부장이 대표로 당선되었다. 치열한 결과만큼 임직원의 참여율도 높았다. 790여 명 가운데 92.2%인 728명이 참여했다. 투표율은 애정과 관심에 정비례한다고 생각한다. 이런 점에서 투표 참여율 92.2%는 임직원들이 얼마나 주인의식을 갖고 있는지를 보여준다고 생각한다.

이상민 대표는 1989년 만들어진 노동조합의 발기인 중 한 명으로 집행부까지 역임했다. 그는 플랜트본부 본부장으로 기술자로서 능력도 뛰어났고 종업원지주제, 소유와 경영의 분리 원칙에 대한 이해도도 높았다. 그는 23대 이인제 대표에 이어 신입 사원으로 대표가 된 두 번째 사람이었다. 우리 회사가 한진중공업홀딩스 그룹의 계열사였을 때, 우리 회사의 대표는 사실상 대주주인 조남호 회장이 임명했다. 그의 인사 방식은 전문성과 회사의 발전 가능성을 고려하기보다는 개인의 판단과 그룹 차원의 정치적인 배려가 더 컸다고 평가되었다. 이런 점에서 이상민 플랜트 본부장의 대표이사 선출은 기업 경영의 모범 사례라 볼 수 있다.

이상민 대표는 3월 22일 정기주주총회에서 대표이사로 선임되었다. 전임 김춘선 대표가 중도사임하고, 김창교 사장 대행을 거치고, 또 임금 반납까지 결의하면서 회사는 어수선할 수밖에 없었다. 뭔가 확실한 변화가 필요했다.

대표의 일정과 공금 사용 내역을 공개합니다

　기업의 분위기는 수주액, 매출액, 영업이익에 의해 크게 좌우된다. 2018년 수주액은 2,625억으로 전년도인 2017년 2,375억에 비해 250억이 증가해 10.5% 이상 진전이 있었다. 그러나 매출액은 2017년 1,996억에서 2018년 1,909억으로 87억이 감소했고, 영업이익은 -62억 4천만 원으로 2017년 -72억 5천만 원에 비교해 적자폭이 소폭 줄었지만, 상황은 사실상 그대로였다. 2011년 이후 영업이익이 해마다 50억 전후에서 60억 이상까지 발생하던 것에 비춰보면 충격적인 사실이었다. 이 통계를 접한 사람이라면 누구라도 긴장하지 않을 수 없었다. 그러나 이상민 대표는 어떻게 상황을 수습해야 할지 정확히 알고 있었다.
　"수주 확대를 통한 매출 증대와 흑자 전환."
　경영을 총괄하는 대표로서 당연한 선언이었지만, 그는 그것이 얼마나 필요한지, 절실함을 알고 있었고, 그에 맞춘 계획도 가지고 있었다. 그러나 처음부터 모든 것이 순조롭게 풀리지는 않았다. 임기를 시작한 지 1달여가 지났을 때, 그의 발목을 잡은 사건이 발생했다. 이 사건은 이상민 사장의 의욕에 물을 끼얹은 결과로 나타났지만, 더 크게는 한국종합기술의 의욕에 물을 끼얹은 꼴이 되고 말았다. 사실 그 시작은 매우 정상적이며, 순수한 것이었다. 또 종업원지주제라는 우리만의 기업문화를 만들어가는 과정에서 나타난 것이었다. 나는 이 결과가 나쁘다고 생각하지 않는다. 오히려 우리만의 개성을 보여준 것이었고, 우리가 사회적으로 긍정적인 영향을 끼칠 수 있는 기업이라는 사실을 일깨워준 사건이라 생각한다.

그것은 주간지 「더스쿠프」의 2019년 4월 17일 기사가 도화선이 되었다. 이상민 대표는 경제전문지 더스쿠프와 인터뷰를 했다. 인터뷰 때 기자는 향후 경영방식에 대한 질문을 했다. 이상민 대표는 "자신의 일정을 공개"하고, 또 "공금 사용 내역을 상당 부분 공개하겠다"고 말했고, 이것은 종업원지주제 회사라면 당연히 해야 할 일이라고 말했다.

이 순간, 이상민 대표는 정말 아름다운 발언을 했다고 생각한다. 우리만의 경영문화가 무엇인지 보여주는 순간이었다. 대주주가 모든 것을 독점하다 보니, 그가 무엇을 하는지, 알 수 없고, 조직은 더 비밀스럽게 운영되면서 사회적으로도 문제가 되고, 경영적으로도 문제가 되었다고 생각한다. 그런데 이상민 대표는 그 문화를 벗어버리고 새로운 기업문화를 창조하겠다고 말한 것이다.

그는 연이어서 "중요한 건 이제 밥 사고 술 사면서 영업하는 시대가 아니라는 거다. 김영란법이 생기면서 그런 분위기가 정착되고 있지 않나. 그런 영업이 통하는 업계라면 바꿔야 한다"라고 말했다.

그러자 기자가 "조금 비현실적으로 들릴 수도 있는데"라고 되받았다. 이에 이상민 대표는 "그렇지 않다. 기술경쟁력을 최고 무기로 삼아 영업하면 된다. 이미 회사는 이런 방식으로 영업을 해왔다"라며, 자신의 생각에 대한 자신감을 표현했다.

이 인터뷰는 「이상민 한종기 신임 사장 "밥 사고 술 산다고 영업 되는 것 아니다"라는 제목으로 기사화되었다. 그러자 마냥 무시할 수 없는 파장이 생겨났다. 여기에 더해 경쟁 업체들이 소문을 만들어내기 시작했다.

"한국종합기술 임원들하고 밥 먹지 마세요. 소문 다나요."

게다가 경쟁 업체들은 한술 더 떴다.

"한국종합기술은 노동조합이 먹은 회사예요."

그들은 여기에 최악의 악담까지 추가했다.

"얼마 못 가 망할 거예요. 만나지 마세요. 위험합니다."

사회적으로 노동조합은 머리띠 묶고, 거리에서 투쟁하는 단체로 각인되어 있다. 바꿔 말해 한국종합기술은 기업이 아니라는 뜻이고, 결국 비즈니스적으로 대화할 수 없는 상대라는 이미지를 경쟁 업체들이 만들어 전파한 셈이다. 그들은 또 종업원지주제라는 공공성에 대해서도 공격했다.

"주인 없는 회사가 잘 되겠어요."

여기서 주인이란 오너(대주주)를 의미하고, 주인이 없는 회사란 종업원지주제로 운영되는 우리 회사를 말한다. 경쟁 업체들은 대주주가 있어야, 개인의 욕망이 작동되고, 그래야 성공할 수 있다는 생각을 강하게 가지고 있었는데, 그것이 무의식중에 튀어나온 것이다.

사람들은 간혹 공유지의 비극을 이야기한다. 공동으로 관리하기 때문에 나의 이익과 상관이 없어 공유지는 방치되고, 결국 공유지는 폐허처럼 변하게 된다는 이야기이다. 그러나 공유지가 왜 필요한지 공유하고, 관리를 위한 제도를 마련하면, 공유지는 비극으로 끝나는 것이 아니라 꽃이 활짝 핀 꽃밭이 될 수 있다.

경쟁 업체들은 보이지 않는 곳에서 계속 우리 회사를 고립시키려 했다. 만약 고립이 길어지면 중장기적으로 정보 고립을 낳고, 수주의 감소로 이어질 수 있었다. 그러나 이상민 대표는 적절하게 대응했다. 엔지니어링산업 사장단 회의에 적극적으로 참여하고, 개인적으로 타사 대표를 만나고, 오해를 불식시키며, 타사가 종업원지주제인 한국종합기술을 업계의 일원으로 받아들이는데, 문제가 없도록 했다. 또 수주를 위한 대외활동에도 전념했다. 물론 출자임직원협의회 이사회, 노동조합과의 소통도 놓치지 않았다.

나는 내부적인 이야기가 밖으로 새어 나가지 않도록 조심했다. 혹시 모를 소문이 돌고, 이것이 경영에 부정적인 영향을 줄 수 있었기 때문이다. 갈등이 생기면 그것을 조정하고자 했지만, 기본적으로 경영권을 존중하려 노력했다. 이것이 당시 나의 생각이었다.

2019년 우리의 노력은 결실을 보기 시작했다. 연말 결산을 해보니 경영지표가 크게 좋아졌다. 수주액은 2018년의 2,625억에서 2019년 3,432억으로 전년도에 비해서 807억이라는 큰 폭으로 늘어났다. 증가율은 30.7%에 달했다. 또 매출액도 2018년 1,909억에서 2019년 2,189억으로 280억이 증가했다. 영업이익은 마이너스였지만 그 액수는 16억 2천만 원으로 적자폭이 크게 개선되었다.

그런데 임직원들 사이에서 근거 없는 소문이 돌기도 했다. 3년 연속 적자가 나면 상장 폐지된다. 그렇게 되면 "출자금 다 날린다"는 내용이었다. 코스닥에 상장된 기업은 3년 연속 적자가 나면 거래정지 사유가 되는데, 우리는 코스피에 상장된 기업이었다. 우리와는 상관없는 이야기였는데, 적자가 나자 와전된 소문이 돌았다.

그러나 나는 수주와 매출액이 올라오는 것을 보면서 불안감을 떨칠 수 있었다. 오히려 조금만 더 힘을 내면 흑자 전환을 이루고, 임직원들이 인수전보다 더 좋은 급여와 복지 조건 속에서 일을 할 수 있지 않을까 상상하게 되었다.

2020년 말 결산을 해보니, 마침내 흑자 전환이 이루어졌다. 매출액이 2019년 2,189억에서 2,882억으로 증가했다. 증가한 금액은 693억, 증가율은 31.6%로 큰 성장을 이루었다. 영업이익은 45억 9천만 원으로 종업원지주제가 시행되기 전인 2017년 이전 평균 50~60억 전후 수준에 도달했다. 누가 보아도 회사는 안정기로 접어들었다. 이상민 대표의 리더십이 효과를 발휘했다고 생각한다. 흑자 전환은 당연히 우리에게 자신감을 주었고, 신입 사원도 다수 선발하고, 회사의 외형이 커지는 힘이 되었다.

2017년 12월 15일 인수 후 혼선이 있었지만, 임직원들의 회사에 대한 신뢰도, 그리고 스스로 주인이라는 의식은 더 강해졌던 것 같다. 회사가 적자를 겪는 동안 5,000만 원 출자자는 오히려 늘었다. 정확한 이유는 알 수 없다. 그것은 회사가 어려워지면 "비출자자부터 감원할 수 있다"는 불안감의 반영일 수도 있었지만, 반대로 회사로 묶이면 나의 고용이 보장되고, 어려울수록 종업원지주제라는 공동체 성격의 법인을 믿을 수 있다는 의식의 반영일 수도 있었다.

또 대표이사 교체, 임금 반납 등 부정적인 요인이 있었지만, 그 이면에서 임직원들 스스로가 보여준 어떤 것들이 서로에게 힘이 되고, 이것이 회사로 뭉치게 만드는 결과가 되었을 것으로 생각한다. 2025년 현재 투자자는 1,090명에 달하며, 더 많은 임직원이 참여할 수 있도록 다양한 출자자 지원 방안을 고민하고 있다.

임직원이 본인 회사의 주식 소유를 위해 돈을 내는 것은 종업원지주제의 핵심이다. 임직원이 5,000만 원을 출자하면 출자임직원으로서 자격을 가지게 된다. 그리고 퇴사한다면 5,000만 원 원금을 그대로 돌려준다. 처음에 이 제도는 주가에 연동되어 있었다. 어떤 임직원이 퇴사를 신청했을 때, 2,500만 원은 원금으로 돌려주고, 나머지 2,500만 원은 주가에 연동해 돌려주었다. 따라서 2,500만 원은 주가의 높고 낮음에 따라 커질 수도 있고, 작아질 수도 있었다.

실제 그런 일이 있었다. 신입 사원으로 입사한 청년이 5,000만 원을 내고 출자자로 참여했다. 그 청년이 사회 초년생인 점을 고려하면, 그 돈은 부모님의 지원으로 마련했던 것 같다. 그 돈은 그 청년은 물론 부모님에게도 소중한 것이었다. 그런데 이 청년이 입사 후 2년 6개월 즈음 퇴사를 결심했다. 이에 우리는 먼저 2,500만 원을 돌려주었는데, 다음이 문제였다. 주가가 낮아져서 주식에 연동된 2,500만 원을 원금 그대로 돌려줄 수가 없게 되었다. 결국 그 청년에게 1,500만 원을 돌려주고, 나머지 1,000만 원을 돌려줄 수 없게 되었다. 그 청년은 1,000만 원의 손해를 본 셈이 되었다.

나는 이 청년에게 너무 미안했다. 계속 방안을 찾아보았다. 그러나 규약을 따라야 하기에 어떻게 해줄 방법이 없었다. 결국 오해를 낳고 말았다. 그 청년의 부모님은 "다단계 사기꾼 회사에 입사한 것 아니냐?"는 오해를 하는 듯했다. 처음 취지는 좋았다.

"주가가 오르면 이익을 취할 수 있고, 반대로 주가가 내리면 손해를 볼 수도 있다."

이것이 논리의 시작이었고, 이에 맞춰 2,500만 원은 원금으로, 나머지 2,500만 원은 주가에 연동해 돌려주기로 했다. 그러나 이 제도는 2번의 변화를 거쳐 현재는 출자금 전액을 원금으로 돌려주는 것으로 바꾸었다. 최초 만들어진 인수참여임직원 규약과 홀딩스 주주규약을 합쳐 출자임직원협의회 규약을 새롭게 제정하고 출자임직원의 투표로 확정했다.

수주와 매출 증가, 영업이익과 고용 증가

2021년 1월 출자임직원협의회 이사회 재정 및 운영위원장 선거가 있었고, 나는 2기 위원장 및 한국종합기술홀딩스 대표로 연임되었다. 2021년 3월에는 한국종합기술로 26대, 종업원지주제 후 3기 대표이사로 김치헌 건설사업관리부문장을 선출했다.

김치헌 대표이사는 1992년 우리 회사에 입사 후 약 30년간 상하수도부, 상하수도감리부 등에서 기술자로 다양한 현장 경험을 쌓았다. 또 종업원 지주회사 전환 이후 초대 컴플라이언스 실장을 역임했다. 선거로 대표가 된 3번째 사장이었다.

인수 후 4년이 지나면서 선거관리위원회에 후보 등록하고, 공약을 발표하고, 토론을 통해 대표를 선출하는 것은 자연스러운 문화가 되었다. 김치헌 대표이사는 초대 컴플라이언스 실장을 역임하면서 소유와 경영의 분리라는 거버넌스 문화가 얼마나 중요한지 알고 있는 분이었고, 수주, 경영에서도 능력을 발휘했다.

같은 해 11월 우리는 한국가스공사를 상대로 낸 「입찰 참가 자격 제한처분 취소 소송」에서 최종 패소했다. 이 재판은 이상민 대표이사 때 시작된 재판이었다. 이에 따라 우리는 3개월간 공공입찰 참가를 제한받았다. 엔지니어링산업의 특성상 공공기관의 매출 비중은 매우 높다. 따라서 수주 타격은 심할 수밖에 없었다.

2021년 연말 결산 결과, 매출액은 전해 2,882억에서 2,683억으로 6.9% 감소했다. 그러나 3개월의 입찰 참가 제한이라는 악재에도 불구하고 수주와 영업이익은 오히려 상승했다. 수주는 2020년 3,231억에서 3,551억으로 9.9% 증가했으며, 영업이익은 45억 9천만 원에서 71억 6천만 원으로 25억 원 이상 증가했다.

악재에도 불구하고 종업원지주제를 표방한 우리 회사의 저력을 확인할 수 있었다.

2016~23년 경영실적 변화(단위:억)

구분	수주액	매출액	영업이익
2016	2,604	1,993	5.1
2017	2,375	1,996	-72.5
2018	2,625	1,909	-62.4
2019	3,432	2,189	-16.2
2020	3,231	2,882	45.9
2021	3,551	2,683	71.6
2022	3,621	2,837	54.3
2023	5,563	3,769	39.9

* 수주액 (부가세 미포함)

이러한 결과는 2022년과 2023년에도 이어졌다. 특히 2023년의 수주와 매출액의 성장세는 놀랄만한 정도였다. 수주액은 2022년 3,621억에서 5,563억으로 1,942억이 증가했으며, 성장율이 53%였다. 매출액도 2022년 2,837억에서 3,769으로 932억이 증가했는데, 성장률이 32.8%에 달했다.

2018년 인수 후 1년이 되었을 때와 비교하면 수주액은 2,625억에서

5,563억으로 2배 이상 증가했고, 매출액도 1,909억에서 3,769억으로 2배 가까이 신장했다. 또 영업이익은 4년 연속 40억에서 70억 전후를 유지했다.

2017년 인수 이후, 몇 년 동안 업계 수주실적은 4~6위를 기록했으나 2023년 업계 2위가 되었다. 매출과 수주액이 상승하면서 임직원의 숫자도 증가했다. 인수 직후 1,100여 명에 머물던 임직원은 매해 100명 이상을 뽑아 1,900여 명으로 800명 이상이 증가했다. 만약 우리 자신이 아니라 타기업 혹은 약탈적인 금융자본이 인수했다면 직원 감원이 크게 발생할 수도 있었는데, 그런 일은 일어나지 않았다.

또한 흔한 말로 공유지의 비극도 없었다. 종업원지주제 출범 초기 "노조가 먹은 회사", "주인이 없기에 망할 회사"라는 부정적 시각이 다수 있었다. 실제 인수 초기 매출액과 수주액이 감소하고, 여기에 당기순이익까지 감소하면서 일시적으로 그런 불안감이 있었지만, 우리는 난관을 잘 극복했다. 게다가 근무 조건까지 더 좋아졌고, 사회적으로는 큰 폭의 고용 창출을 이룬 회사가 되었다.

또 사회적인 평가 지표도 최상위권을 유지하고 있다. 건설 구인구직 플랫폼 「건설 워커」의 선호도 조사에 따르면 우리 회사는 토목종합 분야에서 1~2위를 기록하고 있다. 우리는 ESG(기업의 비재무적 요소인 환경(Environment), 사회(Social), 지배구조(Governance)를 뜻한다. ESG 경영이란 투명경영과 친환경, 사회적 책임 경영으로 지속가능한 발전을 추구하는 것이다.) 평가 기관인 서스틴베스트의 2024년 하반기 ESG 평가에서 7년 연속 최고 등

급인 AA를 획득했다.

서스틴베스트는 상장사, 비상장사 총 1,270개 기업을 대상으로 환경, 사회적 책임, 기업 지배구조와 관련된 경영 현황을 종합적으로 평가해 총 7단계 등급을 부여했는데, 우리가 최고 등급을 받은 것이다.

2023년 말 우리는 「임금 및 성과 보상 재원」 규정도 마련했다. 영업활동으로 발생한 수익을 성과 보상, 임금 인상액, 회사 유보 금액으로 구분하고, 어떤 비율로 나눌 것인지를 정했다. 논의는 '임금 및 성과 보상 재원 협의회'가 주도했는데, 회사의 3대 주체인 한국종합기술 법인, 출자자협의회, 노동조합의 입장을 김치헌 대표이사, 최용준 노동조합 위원장 그리고 내가 대변했다. 임금인상을 막연하게 할 수는 없었다. 전략적으로 많이 줄 수도 있고, 반대로 적게 줄 수도 있다. 그러나 중요한 것은 최대 주주 또는 대표이사의 기분에 따라 정하는 게 아니라 정형화, 정량화하는 것이 필요했다.

이렇게 성장하는 데는 임직원은 물론 김창교 사장 대행, 이상민, 김치헌 대표이사의 리더십이 주요했다. 보통 기업은 대표직을 그만두면 회사를 떠난다. 그러나 우리는 다르다. 대표에서 물러나더라도 기본적인 예우와 함께 회사 내에서 대표가 되기 직전의 직무를 계속 수행할 수 있다. 이것도 우리가 일반적인 주식회사와 다른 우리만의 문화이다. 현재 김창교 사장 대행은 구조부, 이상민 부회장은 에너지플랜트본부, 김치헌 부회장은 건설사업관리부문에서 근무하고 있다.

협동조합으로 전환하기

* 변화 과정 : KECC엔지니어 협동조합 설립

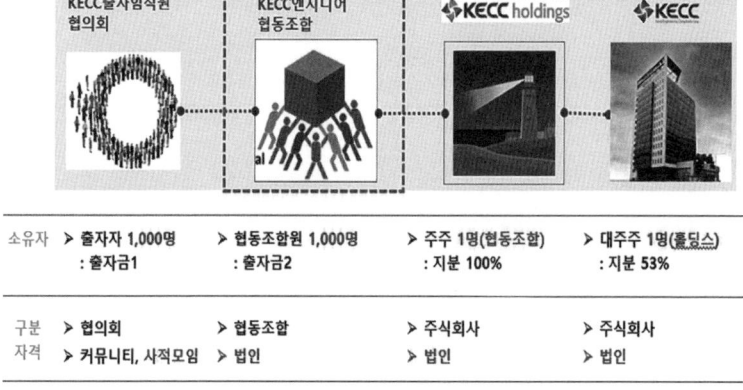

- KECC엔지니어협동조합 운영규약
- KECC엔지니어협동조합 정관

    2024년 우리는 KECC엔지니어 협동조합을 설립했다. 인수 초기 우리는 우리사주조합을 활용하려 했으나, 자금조달 등 여러 가지 측면을 고려했을 때, 특수목적법인(SPC)을 만드는 것이 유리하다고 판단해 한국종합기술홀딩스를 만들고, 이를 통해 최종적으로 회사를 인수 했다.

    그러나 당시 한 가지 고민이 있었다. 한국종합기술홀딩스 주주가 49인이 넘어가면 법에 따라 공모 절차를 거쳐야 했다. 그런데 우리는 출자자가 830명에 달했다. 주식매매계약 기간 내 공모를 통한 법인설립은 불가능했다. 그래서 우리사주조합 대의원 중 29명에게 주주 권한을 위임하고 그렇게 주주를 구성했다.

그러나 이 방식은 두 가지 개선할 점이 있었다. 첫째는 불필요한 관리비용의 발생이다. 홀딩스에는 매년 출자자가 퇴사하고, 신규 출자자가 가입한다. 출자자 변동이 있을 때마다 관리를 해야 하고, 그때마다 비용도 발생한다. 두 번째는 주주 29명이 위임을 받은 것이라 현재 출자자 모두가 주주가 되고, 주인이 된다는 취지에 부합하지 않았다. 법적으로 주주 29명이 자신들의 의지대로 의사결정을 끌고 나갈 수도 있는 구조였다.

우리는 고민 끝에 협동조합 설립 추진 TF팀을 구성했고, 가장 합리적인 방안으로 협동조합을 설립하고, 출자자가 조합원으로 가입하는 방법을 설계했다. 이 작업은 이사회를 중심으로 송호연 이사가 컨설턴트로 참여했으며, 협동조합 기본법에 따르고 있다.

현재 한국종합기술의 대주주는 지분 53%를 가진 한국종합기술홀딩스이고, 한국종합기술홀딩스의 지분 100%를 가진 대주주는 협동조합이다. 이 협동조합은 출자자 1,090여 명으로 결성되어 있다. 협동조합 설립으로 소유구조를 법적으로 완벽하게 만든 셈이다.

* 소유구조

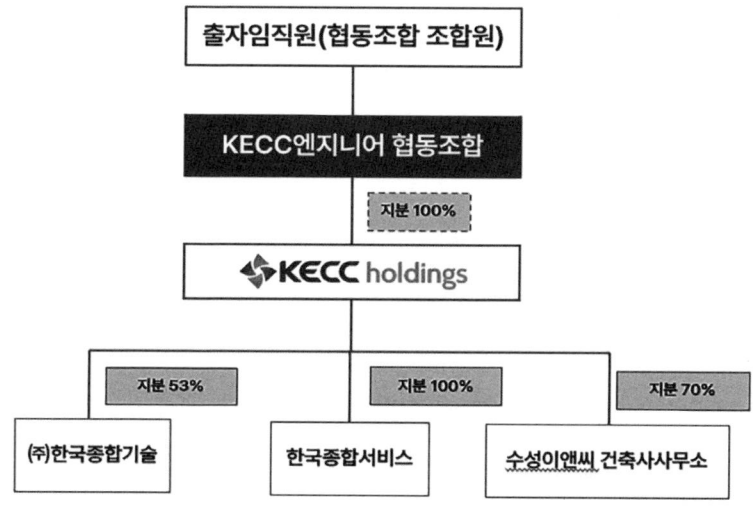

지난 2019년 3월 27일 국민연금이 대한항공 주주총회에서 스튜어드십 코드를 발동해 조양호 회장의 대한항공 이사 연임을 막았다. 그동안 대한항공 오너 일가는 땅콩 회항 등 사회적 물의를 일으켰고, 이것은 기업의 경영에 부정적 영향을 주었다. 스튜어드십 코드는 국민연금 같은 주요 기관투자자가 주식을 보유하는데 머물지 않고, 기업의 의사결정에 적극 관여해 주주로서 역할을 충실히 수행하고, 기업의 지속 성장을 보장하는 것이다.

현재 우리나라 상장사 중에 종업원지주제를 표방하는 곳은 한국종합기술이 유일하다. 종업원지주제가 한국종합기술 한 곳에 불과하다면 우리가 만든 새로운 기업문화와 경영방식도 사라질 수 있고, 기업문화의 다양성이란 측면에서도 바람직한 현상은 아니다. 나는 한국 자본주의 사회에서 우리와 같은 기업이 더 증가하기를 바란다. 공동체적인 정신으로 오너리스크를 막아내고, 기업의 성장과 주주들의 이익을 도모하려는 꿈을 꾸는 사람들이 있을 것이다. 우리 회사는 이런 꿈을 꾸는 사람들에게 도움이 되고자 한다.

종업원들이 하나 된 힘을 모아 종업원지주제 회사를 설립하려 할 때, 우리는 우리의 경험과 지식을 전해주고, 필요하면 국민연금처럼 2대, 3대 주주로 참여해 인수 초기 자금조달의 어려움 등을 해소하는 데 도움이 되고자 한다. 협동조합 설립은 이러한 계획의 연장선이기도 하다.

현재 한국종합기술홀딩스 산하에는 한국종합기술과 한국종합서비스 2개 계열사가 있다. 우리는 우리와 같은 방식으로 종업원지주제를 운영하는 기업을 확장해 나가고자 한다. 최근 우리는 수성엔지니어링을 인수했는데, 그런 미래 비전의 하나이다.

맺으며

종업원지주제의 성공을 만든 역사와 전통

 인수에 성공하고, 거버넌스를 구축할 수 있었던 힘은 무엇일까?
 임직원들의 애사심, 종업원지주제에 대한 임직원들의 순수한 마음, 인수 관계자들의 능력과 열정 등이 1차 적인 힘이 되었다. 그러나 나는 또 다른 큰 힘 하나를 추가하고 싶다. 그것은 겉으로 드러나지 않는 것이었다. 그러나 그것은 항상 어떤 일을 되게 할 때, 위기 상황에서 힘을 발휘하고, 확장성을 크게 만들 수 있는 것이었다.
 역사와 전통은 자부심을 만들고, 그 자부심은 애사심을 만들며, 그 애사심은 어떤 집단이 뭔가를 해야 할 때 큰 힘을 발휘한다. 2017년 3월 우리 앞에 닥친 매각 위기 상황도 마찬가지였던 것 같다.

또 노동조합의 전통도 마찬가지라고 생각한다. 특히 노동조합 하면 투쟁하는 단체, 반대만 하는 단체라는 편견이 있는 상황에서 선배들이 이룩한 노동조합의 긍정적인 전통은 위기 상황에서 힘을 발휘했다고 생각한다. 특히 노동조합은 임직원들이 쉽게 하나로 단결할 수 있는 매개체가 되었다. 회사의 역사는 1963년 시작된다.

김수근(건축가)이 쿠데타 주도세력과 어떻게 인연을 맺었는지에 대해서는 정확히 알려진 바가 없다. 어떻든 당시 실세였던 김종필과의 인연에 힘입어 1963년 3월 9일 김수근의 설계사무소에서 기공의 전신인 국제산업기술단이 출범했다. … 자본금은 250만 원이었다. 국제산업기술단은 1964년에 코리아 퍼시픽 콘설탄트로 이름이 바뀌었고, 임원진도 대폭 교체됐다

_「근대국가 건설의 세 번째 방법, 한국종합기술개발공사」, 건축신문.

이 무렵 일본과 국교 정상화 논의가 활발하게 진행되면서 일본으로부터 6억 달러에 달하는 거액의 배상금과 상업차관이 예상되던 시기였다. 일본의 건설엔지니어링 기업인 구보다, 가와노 요시노 등이 이 자금을 노리고 있었다. 기술력을 확보하지 못할 경우, 어렵게 확보한 경제개발 자금이 도로 일본으로 빠져나갈 것은 명백했다.

그러나 국내 기업의 수준은 미미했다. 전문 기업은 도화설계공사와 미림기술공단 정도에 불과했으며, 해당 기업의 역사는 채 10년을 넘지

못했다.

JP(김종필)는 곧 석정선 중정차장에게 실행방안을 주문했다. 석정선은 남산도서관에 합동발전위원회(JDPC)를 설치하고, 한국종합기술공사 발족을 총괄·지휘해 1965년 5월 대통령 보고를 마쳤다. 박 대통령은 "조그맣게 시작해서 크게 발전할 것. 해외에 나가 있는 한국 두뇌들을 유치할 것"을 당부했다.

_「[사당골]한국종합기술 60년」. 엔지니어링데일리. 2023년 3월 14일.

이런 과정을 거쳐 1966년 코리아퍼시픽콘설턴트가 한국종합기술개발공사로 개편됐다. 회사는 민간 기업이 아니라 공사였다. 그러다 보니 다른 기업에 비해 우위를 차지했다. 국가 차원의 공사를 발주할 때면, 한국종합기술개발공사에 우선권이 주어졌고, 그 외의 것은 민간업체에 발주하곤 했다. 그러나 1992년 김영삼 정부가 들어서고, 전 세계로 불어 닥친 민영화의 물결이 한국에도 나타났다. 1994년 회사는 민영화 대상 기업이 되고, 1997년 한진그룹에 편입된다. 입사 전 나는 이 사실을 몰랐고, 입사 후에 알았다.

회사는 건설 엔지니어링 업계 1등은 아니었다. 그러나 2~3위권을 유지했고, 토목공학 전공자라면 충분히 입사하고 싶은 회사였다. 대학원생들은 이 회사를 좋은 곳이라 생각했다. 이 회사에 입사했다고 하면 교수님들도 "잘 갔네"라고 말하곤 했다. 대기업의 계열사이고, 전통이 있는 회사였다. 또 업종의 특성상 이직이 많은 곳이 엔지니어링산업이다. 그러나 회사는 장기 근속자는 물론 실력 있는 기술자가 많았다. 선배들은 애정과 자부심을 가지고 있었다.

나는 서류 전형과 2차례 면접을 보고, 합격했다. 입사일은 2005년 1월 1일이었다.

'좋은 회사에 입사했다.'

입사 초기 내가 느꼈던 감정이다. 엔지니어링 업계에는 파산하는 회사들이 있었다. 청석엔지니어링과 동호엔지니어링(청석은 2012년 부도가 났는데, 한때 업계 10위 권에 들어있었으며, 동호는 2014년 부도가 났는데, 2009년 한때 업계 1위를 기록했다.)이 대표적이다. 그러나 이런 사실은 다른 나라 이야기로만 들렸다. 우리는 한진중공업홀딩스라는 거대 그룹의 계열사라 그런 일은 상상하기 어려웠다.

1989년 노동조합이 만들어질 때와 1994년 회사가 민영화될 때, 노동조합은 치열한 파업 투쟁을 벌였다. 그러나 28년의 역사 속에서 노조와 사측의 관계는 대체로 평온했다. 노조가 투쟁심이 없어서 그런 것은 아니었다. 노조와 사측 사이에는 적절한 조정과 합의가 있었다. 급여는 동종 기업은 물론 사회 전체적으로도 높았다. 학부 졸업자뿐만 아니라 석사와 박사 학위자, 기술사 소지자도 많았다. 이런 분위기 속에서 나의 회사 생활도 순탄했다. 나는 입사 2년 후 대리, 또 3년이 지난 뒤 과장이 되었다.

노동조합에서의 배움이 인수와 거버넌스 구축의 힘이 되다

사람들은 항상 다양한 의견을 가지고 있다. 그 의견은 잘 모이면 힘이 되지만, 역으로 분산되면 조직과 단체 내부에 분란을 만들고, 될 일도 안 되게 만든다.

노동조합은 독단적인 결정을 할 수 없다. 조합원의 의견을 모아내야 하며, 그 방식은 민주적일 수밖에 없다. 매각 대상 발표부터 최종 인수까지 9개월여 동안 적게는 수십 명부터 많게는 1,100명까지 직원들의 의견을 하나로 모아내고자 했다. 여러 차례 이런 일이 있었다. 그때마다 나는 의견을 청취하고, 모아내며, 합리적인 안을 만들고자 노력했다. 어떤 문제를 풀어야 할 때, 중요한 것은 대안을 제시하고, 민주적인 방식으로 의견을 모아내는 것이다. 그래야 힘이 생긴다. 나는 이런 경험을 노동조합 활동에서 많이 배웠다.

나와 노조의 첫 만남은 2008년이다. 그때 직책은 대리였다. 흔히 말하듯 말귀를 잘 알아듣고, 주변과 잘 지내고, 일을 처리할 때, 맺고 끊는 능력이 조금은 있었던 것 같다. 노조 선배님들의 제안이 있었다.

처음에 상임집행위원으로 문화체육부 차장을 맡았고, 다음에 문화체육부 부장이 되었다. 5년간 노조 활동을 해보니, 노동조합이 무엇인지 이해도가 높아졌다. 2013년 노동조합 선거에 임기 3년의 위원장으로 출마해 당선되었다.

이때, 잊지 못할 에피소드가 있었다. 그것은 나와 아내 사이에 있었던 것으로 지금 생각하면 하나의 추억이다. 내가 노동조합 위원장으로 출마하겠다고 하자 아내가 말했다.

"이혼해요. 노조위원장을 하려면…."

나는 깜짝 놀랐다. 그러나 생각해보니, 그 심정을 이해하지 못할 바가 아니었다. 아내는 공무원이었고, 대통령은 박근혜였다. 박근혜 정부는 노조는 물론 시민사회와 친화적이지 않았고, 때론 크게 적대적이었다. 이 과정에서 나의 어떤 행동이 아내에게 불이익으로 돌아갈 수도 있었다. 아내에게 출마 이유를 설명했다. 그러자 아내는 어렵지 않게 받아주었다.

2013년 이후에도 노동조합과 정부의 대립이 있었다. 정부는 노골적으로 노동조합을 부정하며, 정당한 요구까지 들어주지 않았고, 오히려 교묘하게 노동조합을 압박하기도 했다. 그러나 사회의 민주적인 분위기는 더 깊게 확산되었고, 아내의 걱정은 기우에 불과했다.

내가 노조위원장을 할 때 사무국장은 최용준이었다. 그와 나는 입사 동기이다. 그의 첫 부서도 지반부로 나와 같았다. 그와 내가 함께 근무한 것은 처음 6개월에 불과했고, 돌아보면 그렇게 자주 만난 것도 아니었다. 그러나 면접 때, 첫 인연 때문일까? 나는 선배들로부터 노조위원장 출마 제안을 받았을 때, 망설이지 않고 그에게 사무국장이 되어 줄 것을 요청했고, 그는 선선히 응해주었다. 나와 최용준 사무국장은 5년간 상근자로 함께 지내며, 매우 친해졌다. 아니 친해질 수밖에 없었다.

사적인 고민은 물론 가정사까지 시시콜콜하게 마음을 터놓고 지냈다.

노동조합 하면 우리는 붉은 깃발, 빨간 머리띠, 길거리 투쟁 같은 것을 생각한다. 또 어떤 때는 회사와 극단적인 대립 속에서 노동자의 급여와 복지를 개선하는 것을 생각한다.

그러나 한국종합기술은 평탄했고, 임금 협상은 원만하게 이루어졌다. 한국종합기술 노동조합은 2월에 창립 기념식, 5월에 노동절 참여가 있다. 이런 기본적인 행사 외에 다양한 활동이 있었고, 우리는 새로운 이벤트와 행사를 추가했다. 집행부와 임원이 참여하는 1박 2일 워크숍, 노동조합 주최 축구대회, 조합원 해외 연수, 직원 자녀 초등학교 입학 축하 문구 세트 증정, 농촌 체험 활동, 조합원 대상 저금리 대출제도 등 많은 조합원과 가족들이 함께 할 수 있는 행사를 기획하고 진행하여 노동조합에 관한 관심과 조합원으로서의 자긍심을 높여 단합할 수 있도록 노력했다. 또 여름이면 노동조합 사무실에 냉장고를 설치하고, 아이스크림을 한가득 채워 넣은 후, 직원들이 언제든 먹을 수 있도록 했다. 이와 함께 컵라면도 무한으로 제공했다.

이런 행사는 자연스럽게 노동조합에 활력을 주고, 조합원들이 노조를 중심으로 단합할 수 있는 분위기를 만들어냈다. 내가 노조위원장이 되었을 때, 노동조합 사무실은 4층 구석진 곳에 있었는데, 그동안 조합원들이 자주 찾는 공간은 아니었다. 그러나 시간이 지나고 누구든 편하게 들릴 수 있는 분위기가 조성되면서 사무실은 북적북적해졌다.

세상은 평탄하다. 평탄함은 대부분의 시간 동안 유지된다. 그러나 어떤 순간 삶에는 고난, 힘듦 등이 온다. 이것은 피할 수 없다. 받아들여야 하고, 극복해야 한다. 그 과정은 힘듦과 위기, 결단의 연속이다.

힘듦과 위기를 극복하는 힘은 어디서 올까? 평소 쌓아둔 능력과 관계에서 온다. 노동조합 같은 조직도 마찬가지이다. 평소 쌓아온 노조원 간의 신뢰와 친밀함은 외부 환경에 변화가 왔을 때, 그것을 극복하는 힘으로 작동한다. 지금 돌아보면 노조 활동은 나에게 배움의 기회였다. 이때의 배움은 한국종합기술을 인수하고, 거버넌스를 만들고 운영하는 데 큰 도움이 되었다.

또 회사의 선배들이 쌓아온 전통에 감사하다. 특히 노동조합을 중심으로 만들어진 노사문화는 종업원 인수 과정에서 큰 힘을 발휘했다. 한국종합기술 노동조합은 전통이 있었다. 1987년 6.10 민주항쟁 이후 1989년 대규모 노동자 투쟁이 있었다. 이때 수많은 노동조합이 만들어졌는데, 한국종합기술 노동조합도 이때 결성되었다. 날짜는 1989년 2월 10일이었다.

1994년 정부는 공기업 민영화 정책을 추진했다. 한국종합기술은 대상 기업이 되었고, 1994년 한진그룹의 계열사로 편입되었다. 이때도 반대 투쟁이 있었고, 당시 시위에 참여했던 분들이 지금도 직원으로 근무한다.

1989년 노동자 투쟁은 먼 이야기이고, 1994년 민영화 반대 투쟁은 성공하지 못했지만, 직원들의 애사심, 자부심, 정서적 공감대를 만들어냈다. 이 힘은 인수전에서 힘을 발휘했다. 인수과정에서 수많은 의사결정이 있었고, 그것을 하나로 모아 내야 했는데, 우리는 그 방법과 그 결과의 소중함을 이미 학습했다고 생각한다.

아직도 적지 않은 시민들이 노동조합하면 빨갱이를 떠올리며, 친기업, 친정부적인 편에 서서 노동조합을 비판한다. 이런 인식이 회사 내부에 팽배했다면 우리는 인수에 성공하지 못했을 것이다. 그러나 우리에게는 역사가 있었다. 인수전에 노동조합이 나선다고 했을 때, 크게 반감이 없었다. 노동조합에 대한 이해도도 높고, 존중감이 있었다. 이런 현상은 1989년 2월 10일부터 이때까지 29년의 역사가 있기에 가능했다고 생각한다.

우리 노조는 처음에는 유니온숍(노동조합 강제 가입 제도. 근로자가 일정 시간 내, 노동조합에 가입하도록 하고, 노동조합에 가입하지 않으면 해고하도록 한다.)이었지만, 민영화 이후 오픈숍으로 변경되었다. 그러나 정말 특별한 생각을 가진 소수를 제외하고, 거의 모든 직원이 노동조합에 자발적으로 가입하고 있었는데 이 점도 인수과정에서 큰 힘이 되었다.

감사의 글

한국종합기술을 인수하고, 거버넌스를 구축하는 데 많은 분의 헌신적인 노력이 있었다.

먼저 인수 당시 1,100여 명의 임직원과 현재 1,900여 명의 임직원들에게 감사의 마음을 전한다.

다음으로 인수과정은 물론 거버넌스 구축과정에서 항상 함께했던 최용준 노조 사무국장(현 출자임직원협의회 주주가치 위원장, 지반부 상무)와 ESOP컨설팅 송호연 이사, 인수 TF팀장 및 1기 경영위원장 장근 전무(현 부사장), 인수 TF팀원으로 활약했으며 1기 인사위원회 위원장 김한영 상무(현 한국종합기술 대표이사)와 1기 주주가치 위원장 양용수 상무(현 구조부 전무), 인수 기간 노동조합 부위원장을 맡았으며 김춘선 초대 대표이사 후임으로 임시 대표이사를 맡아주었던 조한민 부장(현 수자원 1부 상무), 2기 위원장을 역임하신 인사위원장 김종호 전무(현 환경부 부사장), 경영위원장 김현곤 전무(현 상하수도 1부 전무), 주주가치 위원장 김장한 상무(현 조경부 상무), 3기 위원장을 맡고 계신 인사위원장 최근희 부사장, 경영위원장 임의혁 전무, 위기 상황에서 회사의 운영 정상화와 발전을 위해 노력해주신 김창교 사장 대행, 이상민 대표이사, 김치헌 대표이사에게 감사의 마음을 전한다.

또한 인수와 거버넌스 구축 기간 보이지 않는 곳에서 묵묵히 회사와 종업원 지주제에 대한 애정을 보여주며 함께 했던 인수TF 팀원들, 1기~3기 KECC출자임직원협의회 이사분들께 감사의 마음을 전한다.

그리고 나의 가족들에게도 감사의 마음을 전한다. 돌아보면 아버님은 34년간 공직에서 근무하시면서 청렴하고 강직하며 어떤 판단을 내릴 때 단호하셨고, 어머니는 가족과 주위 사람들을 잘 챙기며 혼자가 아닌 조화로움을 이야기하셨다. 나는 자연스럽게 아버지와 어머니로부터 이런 삶의 방식과 지혜를 배웠던 것 같다. 한국종합기술을 인수하고, 거버넌스를 구축할 때, 아버지와 어머니의 삶의 방식과 지혜는 큰 힘이 되었다.

더불어 나의 아내 영선과 딸 도연, 도은에게 고마운 마음을 전한다.

지은이 김영수

◆ 한국종합기술 인수 일정

2016년

1.7	한진중공업 자율협약 신청.
5.11	한진중공업 채권단과 '자율협약이행각서' 체결.

2017년

2월~3월

2.23	한진중공업홀딩스에서 이인제 수자원본부부장을 신임 대표로 승인.
3.27	매각방침 결정 사실 및 매각 주관사 선정 사실 인지.
3.28, 29	매각 진행 일정 및 사실관계 추가 확인. 풍문조회 신청.
3.29	자문회의(ESOP컨설팅의 송호연 이사) 및 집행부 회의.
3.30	기업노조 사무처장(정윤오 건영위원장) 방문 및 대책 회의.
3.31	2017년 임단협 교섭 요청공문 발송.

4월

4.5	경영지원본부장 면담. ESOP 자문회의.
4.7	이인제 사장 면담. 소문 인지한 기자로부터 사실 확인 문의 (건설경제, 엔지니어링데일리).
4.10	한국종합기술 지분매각 사실 확인 요청 공문(산업은행) 발송. 우리사주조합 규약변경 및 이사 선출위한 공고 요청. 건설기업노조 법정관리지부회의 노조사무실에서 개최.
4.11	진행상황 공유 상집회의. 한국종합기술 지분매각 사실 확인 요청 공문. 아시아경제 임철영 기자 미팅. 엔지니어링데일리 정장희 기자 전화 인터뷰.
4.12	기업노조 중앙위원회에서 진행사항 보고. 향후 투쟁 계획 설명 및 연대요청. 건설경제 한형용 기자 미팅.

4.13	삼도회계법인, 우리프라이빗에퀴티자산운용사 자문회의.
4.17	ESOP 자문회의: 매각에 대한 노동조합 요구사항 정리.
4.18	건설경제 한형용 기자 미팅. 삼도회계법인 회의.
4.19	더불어민주당 정책위원회 장도중 부의장 면담 신한은행 부지점장 면담.
4.20	플랜트본부장, 부서장 면담.
4.21	우리사주조합 임시총회.
4.24	매각 관련 임직원 설명.
4.25	매각관련 노동조합 요구사항 정리. 아시아 경제 임철영 기자 미팅.
4.26	한진중공업홀딩스 대표 및 담당 임원 면담. 엔지니어링연대회의.
4.28	삼부토건 방문, 미팅.

5월

5.10	한국증권금융 대출 상담.
5.12	한진중공업홀딩스 전동수 상무 유선 면담.
5.15	기업노조 법정관리 지부회의 참석. 신한은행 고덕지점 부지점장 면담.
5.16	한진그룹 노조협의회 회의.
5.17	건설기업노조 중앙위원회.
5.18	한진중공업홀딩스 전동수 상무 면담.
5.19	약탈경제반대행동 이대순 변호사 상담. 우리사주조합 이사회의.
5.22	호반건설 관련 인사 면담. 우리사주조합 가입원서 및 참여의향서 제출 요청.
5.23	우리사주조합 매각설명회, 본사 2차례.
5.24	홀딩스 대표이사 면담.
5.26, 27	현장 임직원 대상 설명회. 대전 유성호텔.

5.29	엔지니어링노조 연대회의, 삼안.
5.31	서울보증보험 면담. 삼안엔지니어링 노동자 결의대회 참석.

6월~8월

6.1	매각 관련 노조 성명서 보도자료 배포. 건설경제 한형용 기자 미팅.
6.2	우리사주조합 이사회 회의.
6.7	ESOP 컨설팅의 송호연 이사 미팅. NH투자증권 안태석 부장 통화. 홀딩스 전동수 상무 통화.
6.8	약탈경제반대행동 이대순 변호사 면담.
6.9	민홍철, 박광온, 강병원, 이정미 의원실 방문, 기자회견 준비.
6.12	법정관리지부회의 참석. 약탈경제반대행동 홍성준 사무국장 면담.
6.21	인수참여 선언 기자회견. 국회 정론회관. 예비 입찰 참여 5개사.
7.4	'바른매각 촉구 결의대회', 한진중공업홀딩스 남영동 본사와 산업은행 앞.
7.11	우리사주조합 출연 확약서 제출 요청.
7.21	종업원지주제 관련 국회토론회 개최.
8.2	지분 매각 본입찰: 호반건설, 한국종합기술 우리사주조합 2곳 참여.
8.16	우선협상대상자로 선정.
8.21	우선협상대상자 선정 및 향후 일정 관련 설명회. 전직원 대상.
8.22	임직원 대출 신청.
8.29	개인별 대출금 입금. 계약 연기 요청서 발송

9월~12월

9.4	임직원 대상 추가설명회 개최 및 투자 동의서 취합.
9.6	우리사주조합, 본부별 대의원 선출 및 확정 요청. 계약금 잔고 증명 제출(67억 원).
9.12	우리사주조합 대의원 확정 공고.
9.14	우리사주조합 1차 임시대의원회의.
9.26	우리사주조합 2차 임시대의원회의.
9.29	계약 체결. 계약금 60억 원 지급. 인수 금액 665억 원에서 600억 원으로 축소. 임직원 중 일부에게 투자금 조기 입금 요청.
10.12	우리사주조합 3차 임시대의원회의.
10.25	인수 TF팀 임시회의. 회사 내 인수 TF팀 본부별 2인으로 총 18명 구성.
11.27	보직임원 대상 설명회.
11.29	KECC 보직임원들의 투자 철회 선언.
11.30	우리사주조합원 대상 본부별 설명회.
12.1	우리사주조합원 대상 본부별 설명회.
12.15	최종 계약 체결. 잔금 447억 원 납부.

직원들이 회사를 샀다

초판 1쇄 발행 2025년 8월 15일

지은이 김영수 · 한대웅
펴낸이 한대웅

편집 방현주
표지 디자인 페이퍼컷 장상호

펴낸곳 마이 라이프
출판등록 제 2021-000024호(2021년 8월 23일)
주소 서울시 강북구 오현로31길 89 101동 1405호
이메일 starhdw@naver.com
전화 010-3233-1714
ISBN 979-11-975755-7-0(03300)
가격 19,800원

* 책값은 표지 뒤쪽에 있습니다.
* 잘못된 책은 구입하신 서점에서 교환해드립니다.
* 이 책은 저작권법에 의하여 보호를 받는 저작물이므로 무단 전재와 복제를 금합니다.